Titelfoto: Dresden Reick - Mügelner Str. 40
Rozsi Grünstein (l.) und Magda Beregi (r.)

ISBN 978-3-938969-30-4

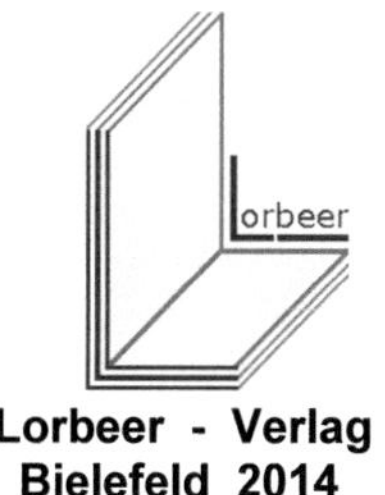

Lorbeer - Verlag
Bielefeld 2014

Inhaltsverzeichnis

Geleitwort 6

Teil 1: Das Lager Dresden Reick
Von der Entstehung bis zur Auflösung

a) Vorgeschichte und Anbahnung 8
b) Oktober 1944: Ankunft des 1. Häftlingstransportes 12
c) Bewachung 14
d) Allgemeine Lagerbedingungen in Dresden Reick 17
e) Januar 1945 19
f) Februar 1945: Medizinisches Personal 21
g) Februar 1945: Ankunft des 2. Häftlingstransportes 22
h) Februar 1945: Die Bombardierung Dresdens 25
i) Februar 1945: Fluchtvorfall 34
j) März & April 1945: Todesfälle durch Typhus 35
k) März 1945: Die Flucht der Jefrosina Timoschenko 47
l) März 1945: Überstellung nach Bergen-Belsen 47
m) April & Mai 1945: Evakuierung und Befreiung 48

Teil 2: Das Volk der Täter ?!
Wachpersonal, Belegschaft und Bevölkerung

2.1 Das Wachpersonal 63

2.2 Die Aufseherinnen 65

2.3 Die Bevölkerung 74

Teil 3: Stationen der Deportation

Woher sie kamen – wohin sie gingen

3.1 Transport vom Oktober 1944 75

3.1.1 Die Polinnen 76
3.1.2 Die Russinnen 80
3.1.3 Die Jugoslawinnen 82
3.1.4 Die Italienerinnen 82
3.1.5 Die Reichsdeutsche 82

3.2 Transport vom 12.02.1945 83

3.2.1 Die russischen Zivilarbeiterinnen 83
3.2.2 Die ungarischen Jüdinnen 87
3.2.3 Die französischen Jüdinnen 90
3.2.4 Die italienischen Jüdinnen 93
3.2.5 Die reichsdeutschen Jüdinnen 94
3.2.6 Die tschechische Jüdin 96

Teil 4: Statistik, Daten, Diagramme

Forschungsstand und Datenbasis

4.1 Fehlerhafte Literatur und falsche Daten 97
4.2 Übertriebene und falsche Häftlingsaussagen 98
4.3 Die Häftlingszwangsgemeinschaft 104
4.4 Häftlingsliste Außenlager Dresden Reick 105
4.5 Pages of Testimony – Yad Vashem 136
4.6 Literatur- und Archivalienverzeichnis 143

Geleitwort

Vor Ihnen liegt bereits der neunte Band der Aufarbeitungsreihe *Die Außenlager des KZ Flossenbürg*, in dem nun auch für den Lagerstandort Dresden Reick der Zeiss Ikon AG in der Mügelnerstraße 40 der aktuelle Kenntnisstand dargelegt werden kann. Das Buch ist Resultat umfangreicher Recherchen, deren Hauptziele die Klärung der einzelnen Häftlingsschicksale, die zukünftige Unterstützung der Erinnerungsarbeit vor Ort, sowie die Anregung der weltweiten Holocaustforschung sind. Hierzu wurden diverse aussagekräftige Dokumente zusammengetragen, die das Lagergeschehen aus verschiedenen Perspektiven beleuchten sollen.

Bislang hat es nur wenig Forschung zu diesem Außenlagerstandort gegeben und das vorhandene Wissen war, wie ein Vergleich mit den Ausführungen des Gedenkstättenmitarbeiters Ulrich Fritz in „Der Ort des Terrors" 2006 belegt, sehr dürftig.

Dennoch konnten im Rahmen des Forschungsprojektes der vorliegenden Buchreihe so viele Dokumente und Informationen zusammengetragen werden, dass sich ein relativ schlüssiges Bild der Lagerereignisse ergibt.

Zu den intensiv genutzten historischen Quellen gehören die Flossenbürger Nummernbücher mit den Häftlingsregistern[1], die Flossenbürger Forderungsnachweise über die Bezahlung der Zwangsarbeiter bzw. KZ-Häftlinge[2], die Vorermittlungsakten der Zentralen Stelle der Landesjustizverwaltungen zur Aufklärung nationalsozialistischer Verbrechen in Ludwigsburg zum Lagerstandort Dresden Reick[3] aus den 1960er und 1970er Jahren, sowie etliche weitere Zeitzeugenberichte, vor allem überlebender Häftlinge. Auch wenn 1967 in der BRD innerhalb der justiziellen Aufarbeitung nur vier überlebende Jüdinnen des Lagers vernommen wurden, und die Vorermittlungen nach verfolgungsfähigen Tötungsdelikten 1975 eingestellt wurden, ließen sich die vorhandenen Aussagen so zusammenpuzzeln, dass sich ein nahezu widerspruchsfreies Gesamtbild ergibt.

---

[1] National Archives And Records Administration, NARA M-1935 R-2

[2] Bundesarchiv, BArch NS4FL / 393 Bd.2

[3] Ludwigsburger Stelle, BArch B 162 / 25688

Einen wichtigen Beitrag hierzu leistete auch die zwischen Fiktion und Wahrheit schwankende Autobiografie von Charlotte Zucker unter dem Titel „Les Balcons Fleuris D'Auschwitz" [Die blumengeschmückten Balkone von Auschwitz] aus dem Jahr 2000.
Zudem gaben fünf Überlebende[4] des Lagers Video-Interviews für die 1994 von Steven Spielberg gegründete Shoah Visual History Foundation [SVHF], die für die hier vorliegende Studie wegen der beschränkten Zugänglichkeit allerdings größtenteils noch nicht inhaltlich ausgewertet wurden.
Aussagen nicht-jüdischer Häftlinge waren leider überhaupt nicht aufzuspüren. Über die Gedenkstätte Auschwitz, die Gedenkbücher des KZ Bergen-Belsen, die Häftlingsbücher des KZ Dachau das Gedenkbuch des Bundesarchivs u.a. waren aber die Deportationsstationen und Schicksale vieler ehemaliger Häftlinge zu rekonstruieren und die Ergebnisse dieser Recherchen sind in die umfangreiche Häftlingsliste eingeflossen.
Ausgewertet wurden auch die Gedenkblätter für und von Angehörigen bei der zentralen Holocaust Gedenkstätte Yad Vashem in Jerusalem.
Mit dieser Quellenbasis können die Ereignisse im Außenlager Dresden Reick fast 70 Jahre nach Kriegsende insgesamt recht schlüssig und detailliert nachgezeichnet werden.

---

[4] SVHF 16709, 22771, 23018, 35628, 47774,
50648 ?! vgl. FloNo.: 61427 [Eva Solt, geborene Herczfeld *01.12.1926 wurde laut Flossenbürger Nummernbuch nicht nach Dresden zu Zeiss-Ikon, sondern am 01.02.1945 von Bergen-Belsen nach Rochlitz und von dort am 28.03.1945 nach Graslitz überstellt. Ob sie tatsächlich am 08.05.1945 in Hellendorf befreit wurde und ob sie möglicherweise aus Rochlitz oder von Transport floh, ist bislang ungeklärt. In ihrem Interview nennt sie aber scheinbar in der Tat Mithäftlinge, die in Dresden Reick registriert sind]

Teil 1 – Das Lager Dresden Reick
Von der Entstehung bis zur Auflösung

a) Vorgeschichte und Anbahnung

Obwohl es der 1926 in Dresden gegründeten Zeiss Ikon AG, als Hersteller von Kameras und anderem optischen Gerät, nach der Umstellung auf Kriegsproduktion noch gelungen war, sich mit Hilfe der Wehrmacht im Januar 1942 gegen die Deportation betriebsangehöriger Juden in das KZ Auschwitz-Birkenau zur Wehr zu setzen - man drohte mit Werksschließung - stimmt die Betriebsleitung nur zehn Monate später der Deportation ihrer jüdischen Arbeiter zu.

Nachdem die letzten etwa 300 jüdischen Einwohner der Stadt im November ihre Wohnungen räumen mussten und in das Judenlager Hellerberg an den Nordrand der Stadt umquartiert worden waren, hatte man noch bis zum März 1943 die arbeitsfähigen Juden im 1940/1941 als Munitionsherstellungsbetrieb erbauten Goehle-Werk in der Rüstungsproduktion eingesetzt. Dies war bereits am 10. November 1942 von Vertretern von Polizei- und Partei-Dienststellen, sowie der Zeiss Ikon AG gemeinsam beschlossen worden.

Den Weg zwischen der Dr.-Todt-Straße (heutige Radeburger Straße) und dem nahegelegenen Goehle-Werk in der Heidstraße 4 (Risaer Straße 32) in Dresden Pieschen wurde zu Fuß oder mit der Straßenbahn zurückgelegt. Zu dieser Zeit wurden im Zwei-Schicht-System Uhrwerkzünder für die deutsche Marine hergestellt. Der spätere Abtransport der Arbeiter nach Auschwitz-Birkenau war von Anfang an Teil der Vereinbarungen.[5]

Seit dem 27. Februar 1943, der sogenannten Fabrikaktion, die reichsweit alle noch verbliebenen jüdischen Fabrikarbeiter festsetzte, galt das Judenlager Hellerberg als Polizeihaftlager, und wurde als Sammellager vor der Deportation für Juden aus Erfurt, Leipzig, Plauen und Chemnitz genutzt, die am 2. März 1943 vom Güterbahnhof Dresden-Neustadt nach Auschwitz

---

[5] Vgl. Marcus Gryglewski. Judenverfolgung in Dresden
Vgl. Stiftung Sächsische Gedenkstätten www.stsg.de

deportiert wurden. Wenngleich die Transportankunft im Kalendarium Danuta Czechs, einem wissenschaftlichen Standardwerk über die Ereignisse im Lager Auschwitz-Birkenau, nicht explizit vermerkt wurde, ist davon auszugehen, dass von den 1500 Deportierten, etwa 680 ins Lager eingewiesen und ca. 820 Menschen, mehrheitlich Alte, Frauen und Kinder, unmittelbar nach der Selektion in den Gaskammern ermordet wurden.[6]

Bereits 1942/43 hatte die Zeiss-Ikon AG also jüdische Arbeiter im eigenen Betrieb eingesetzt, zu Rüstungszwecken ausgebeutet und schließlich ihre Deportation in die Vernichtungslager im Osten billigend in Kauf genommen. Die Dresdner Zeiss-Ikon-Werke waren während des Zweiten Weltkriegs mit rund 6000 Mitarbeitern der größte Rüstungsbetrieb der Stadt.

Nachdem sich im weiteren Kriegsverlauf die Lage auf dem deutschen Arbeitsmarkt immer mehr zuspitzte, entschied man sich spätestens im Sommer 1944 dazu, dem Arbeitskräftemangel auch mit KZ-Arbeitskräften entgegenzuwirken.

Unter Verantwortung Dr. Johannes Hasdenteufels von der Zeiss-Ikon AG wurden neben überwiegend männlichen Zwangsarbeitern später auch weibliche KZ-Häftlinge beantragt und eingesetzt. In der Spitze sollen im Werk Dresden Reick bis zu 671 Ausländer beschäftigt gewesen sein[7], darunter laut Erinnerungsberichten auch französische Kriegsgefangene.[8]

Um weibliche KZ-Häftlinge als Hilfsarbeiterinnen für die Rüstungsproduktion von der SS zugewiesen zu bekommen, hatte die Zeiss-Ikon AG Arbeiterinnen zur Ausbildung als SS-Aufseherin zu stellen. Diese Frauen waren oder wurden dienstverpflichtet oder meldeten sich freiwillig für eine solche Wachtätigkeit.

Bereits am 14. August 1944 scheinen acht Zeiss-Arbeiterinnen auf den Ausbildungs-Lehrgang nach Holleischen abgestellt zu werden. Es handelt sich dabei um die spätere Oberaufseherin des Lagers, Ida Guhl, und die späteren Aufseherinnen Marianne

---

[6] Vgl. Marcus Gryglewski. Judenverfolgung in Dresden

[7] Vgl. Meldung der beschäftigten Ausländer (einschl. Juden) und Kriegsgefangenen, in Sächsisches Hauptstaatsarchiv Dresden 11722 – Zeiss Ikon AG Dresden – Nr. 205

[8] Vgl. VP Rosa Grossmann, BArch B 162 / 25688 S. 23

Schneider, Hildegard (Hilde) Axmann, Gertraude Hegewald, Käthe Kirsten, Charlotte (Lotte) Kiesig, Ursula Zipperer und Gertrud Ackermann.[9]
Bereits am 11. Oktober 1944 werden, wie einem Schreiben an die Oberaufseherin bei Zeiss Ikon in der Mügelnerstraße 40 zu entnehmen ist, die entsprechenden Ausweise an die Aufseherinnen des Kommandos zur Verteilung verschickt. Neben den bereits genannten acht Aufseherinnen, werden zudem Gertrud Staeger, Erna Stahl und Ingelene Weiss, sowie die Aufseherinnen Niemand und Vogt, geborene Langer, deren Lichtbilder zur Ausweiserstellung noch nachgereicht werden sollten, genannt.[10] Insgesamt scheinen der Erstaufseherin also anfangs 12 Aufseherinnen unterstanden zu haben, die größtenteils aus Dresden stammten.
Die acht Erstgenannten dürften ab dem 14. August 1944 bis zum 5. September einen dreiwöchigen Lehrgang in Holleischen besucht haben. Jedenfalls wird der 14. August in einer handschriftlichen Aufstellung vom 06.10.1944 angeführt.[11] Laut einem Schreiben des Ausbildungsleiters (Otto) Rink vom 5. September 1944 aus Holleischen, werden die acht Frauen gemeinsam mit 21 angehenden Aufseherinnen, die für das Goehle-Werk der Zeiss Ikon AG bestimmt sind, zurück nach Dresden in Marsch gesetzt.[12] In einem weiteren Schreiben des SS-Sonderkommandos Holleischen - SS-Lehrgänge - an die Aufseherin Guhl vom 10. September 1944 werden zudem noch fehlende Unterlagen und Personalpapiere eingefordert. So fehlen von Kirsten, Hegewald, Schneider und Zipperer sowohl das politische als auch das polizeiliche Führungszeugnis, das für eine Anstellung als Aufseherin im SS-Gefolge notwendig ist.[13] Von Axmann und Guhl liegt zu diesem Zeitpunkt nur ihr polizeiliches Führungszeugnis vor. Lediglich Ackermann und Kiesig haben wohl bereits beide Führungszeugnisse eingereicht. Es heißt im Schreiben:

[9] BArch B 162 / 25688 S. 86
[10] BArch B 162 / 25688 S. 87
[11] Vgl. BArch B 162 / 25688 S. 86
[12] Vgl. Schreiben des SS-Unterscharführer Rink, Holleischen den 5.9.1944 an die Firma Zeiss Ikon BArch B 162 / 8329 S.364
[13] Vgl. Fotini Tzani. Zwischen Karrierismus und Widerspenstigkeit. S.36ff.

> „Setzen Sie sich mit der obigen Firma [Zeiss-Ikon (Werk Reick)] in Verbindung, dass nunmehr sämtliche fehlende politische und polizeilichen Führungszeugnisse restlos herbeigeschafft und anher gesandt werden.
> Es gehen Ihnen nun heute die fertiggestellten Lichtbilder zur Verteilung an die Aufseherinnen zu.
> Der Preis beträgt pro Person .... RM. 3.--
> davon vom Werk bereits bezahlt .... RM. 1.--
> bleibt als Restpreis......................... RM. 2.--
> welchen sie von jeder einzelnen kassieren und den Gesamtbetrag von RM. 16.-- hierher überweisen wollen.
> Die Bilder sind zu verteilen an:
> Aufseh. Kirsten Aufseh. Axmann
> Aufseh. Hegewald Aufseh. Guhl
> Aufseh. Ackermann Aufseh. Schneider
> Aufseh. Kiesig Aufseh. Zipperer“[14]

Die genannten acht Aufseherinnen müssen also zur Aufnahme der Passfotos für die Aufseherinnenausweise und die Lichtbilder für die Führungszeugnisse und Personalunterlagen bereits in Holleischen zur Absolvierung des Lehrgangs gewesen sein. Die offiziellen Formalitäten und Einstellungsbedingungen wurden also erst nachträglich abgearbeitet, geklärt und geprüft. Der in dem handschriftlichen Dokument genannte 14. August korreliert dabei auch mit dem Lehrgangsbeginn, und der 5. September mit dem Lehrgangsende des ersten Ausbildungslehrgangs für Aufseherinnen des KZ Flossenbürg, bei dem auch Aufseherinnen für das Außenlager der Deutschen Kühl- und Kraftmaschinen GmbH (DKK) in Oederan ausgebildet worden waren.[15]
Möglicherweise nahmen einige Nachzüglerinnen, eventuell die erwähnten Staeger, Stahl, Weiss, Niemand und Vogt oder auch Eberhardt an einem zweiten Lehrgang im September teil. Bis spätestens Anfang Oktober dürften die Aufseherinnen für Zeiss Ikon - Werk Reick - aber bereits fertig ausgebildet worden sein. Ob sie bis zur Eröffnung des Lagers um den 20. Oktober 1944 noch anderweitig in einem anderen Außenlager Flossenbürgs eingesetzt wurden, ist bislang nicht bekannt.

[14] BArch B 162 / 25688 S. 91
[15] Vgl. Pascal Cziborra. Frauen im KZ. S.203ff.

b) Oktober 1944 Ankunft des 1. Häftlingstransportes

Am 24. Oktober 1944 werden 200 weibliche Häftlinge aus dem KZ Auschwitz offiziell nach Dresden Reick überstellt, aber erstmalig bereits am Sonntag, den 22. Oktober in Dresden zur Zwangsarbeit eingesetzt. Der Bahntransport dürfte also wohl an diesem Wochenende, am 20. oder 21. Oktober 1944 in Dresden eingetroffen sein. Der Transport besteht laut Flossenbürger Häft-lingsregister aus 98 Polinnen, 95 Russinnen, vier Jugoslawinnen, zwei Italienerinnen und einer Reichsdeutschen. Ihnen werden die Häftlingsnummern 57741 bis 57940 des KZ Flossenbürg zugewiesen. Jeweils etwa die Hälfte der Frauen sind als Zivil-arbeiterinnen [Z.A.] und als Schutzhäftlinge [Sch.H.] registriert.
Danuta Czech notiert basierend auf einer Stärkemeldung des Frauenlagers im Kalendarium für den 16. Oktober 1944:

> „Aus dem Frauenlager Auschwitz II werden 255 weibliche Häftlinge in das KL Flossenbürg, Nebenlager Dresden, überstellt. Sie werden dort in einer Munitionsfabrik eingesetzt.“[16]

Es ist recht wahrscheinlich, dass es sich bei dieser Erwähnung um einen Transport für die Zeiss-Ikon AG handelt. Ob er direkt am 16. Oktober in Auschwitz abging und dass auch tatsächlich 255 Personen auf Transport geschickt wurden, ließ sich bislang nicht bestätigen. Im Oktober 1944 gingen etliche Transporte aus Auschwitz in andere Flossenbürger Außenlager, darunter auch per Überstellung am 26.10.1944 ein 300 Frauen starker Transport ins Goehle-Werk der Zeiss-Ikon AG. Die Zuordnung des Abgangs von 255 Personen am 16. Oktober nach Dresden ist also fraglich. Es hat aber im Außenlager Nürnberg auch einen Fall gegeben, in dem nur 550 Häftlinge in den Flossenbürger Nummernbüchern registriert wurden, obwohl auf einer Auschwitzer Transportliste 593 Einträge geführt werden.[17] Es wäre

---

[16] Danuta Czech. Kalendarium. S.908 – APMO, D-AuII-3a/64a, FL Stärkemeldung; Dpr. ZO/56, Bl.138
[17] Vgl. Cziborra. Frauen im KZ S.109ff. und KZ Mehltheuer

also zumindest denkbar, dass auch das Außenlager Dresden Reick mehr KZ-Häftlinge erreichten, als in den Nummernbüchern verzeichnet sind. Dagegen sprechen allerdings in der Lagerkorrespondenz genannte Lagerstärken. Es ist daher erst einmal davon auszugehen, dass auch tatsächlich nur 200 Häftlinge aus Auschwitz nach Dresden Reick überstellt worden waren.

Während ihnen die Auschwitzer Häftlingsnummern auf den linken Unterarm tätowiert worden waren, erhielten sie im Außenlager des KZ Flossenbürg lediglich Häftlingsnummern zum Aufnähen auf die Kleidung. Im Gegensatz zu den Häftlingsregistern des KZ Flossenbürg, die in Form von Nummernbüchern nahezu komplett überliefert sind, sind entsprechende Unterlagen in Auschwitz beim Abrücken der Deutschen vernichtet worden und es waren bislang nur einzelne Häftlingsnummern aus verschiedenen Dokumenten oder durch die Zeitzeugen selbst zu rekonstruieren. So trug beispielsweise die Polin Janina Ignaczak die Auschwitzer Nummer 17864, Aniela Turecka aus Krakau die 23368, Sofie Cempla die 26492, Wincentyna Dudek die 26846, Feliksa Szewera die 27063, Antonina Hajnrych die 27653, Stanislawa Cichorska die 30425, Maria Jaworska die 30499, Irena Pawlicka aus Sosnowitz die 31241, Wladyslawa Chudziekiewicz die 32255, Marya Smierciak die 32388, Ludwiga Tomczykiewicz die 32433, Wladyslawa Ludwikowska die 63543, Irena Gieroba aus Lublin die 63979 und Alfreda Ziarek die 64603.[18] Da die Frauen im Flossenbürger Nummernbuch alphabetisch nach Nachnamen ‚gelistet' wurden, muss also jede Auschwitzer Häftlingsnummer einzeln rekonstruiert und in Erfahrung gebracht werden.

Anhand der Höhe der Häftlingsnummern lässt sich schließlich das Einlieferungsdatum in Auschwitz bestimmen. Die polnischen Frauen wurden mit verschiedensten Transporten der Sipo[19], des SD[20] und des RSHA[21] zwischen August 1942 und Oktober 1943 in Auschwitz eingeliefert. Sie hatten damit bereits ein bis zwei Jahre im KZ-Auschwitz überlebt, als sie in Dresden

---

[18] Vgl. Häftlingsliste Teil 4 & searchtool www.auchwitz.org

[19] Sicherheitspolizei (Hauptamt)

[20] Sicherheitsdienst

[21] Reichssicherheitshauptamt

ankamen und waren Opfer und Zeuginnen diverser nationalsozialistischer Verbrechen geworden.
Von den Russinnen und den übrigen Nationen liegen im Fall Dresden Reick bislang keine Auschwitzer Häftlingsnummern zur Auswertung vor.
Ältester Häftling des Transportes war wahrscheinlich die Russin Stepanida Slyschakowa mit Jahrgang 1893[22]. Niedrigster registrierter Jahrgang ist 1928, der in den Büchern mehrfach auftaucht.
Es ist allerdings möglich, dass sich jüngere Mädchen als älter ausgaben, um bei den Selektionen als arbeitstauglich eingestuft zu werden und mit auf Transport gehen zu können, um so das Lager Auschwitz zu verlassen. Abgesehen von einzelnen Ausnahmen waren die Häftlinge in Dresden Reick also zwischen 16 und 40 Jahren alt; also im besten Alter für einen Arbeitstransport.

c) Bewachung

Für die Anfangsbewachung des Häftlingskommandos sind bis heute einige Fragen offen. So sind verschiedene Vorgänge scheinbar dokumentarisch nicht belegbar und fehlen in der Überlieferung. Für die Einrichtung des neuen Dresdner Lagers war sehr wahrscheinlich zunächst der SS-Oberscharführer Erich von Berg verantwortlich, der die Eröffnung diverser Außenlager leitete und unterstützte.[23] So wurde am 16.11.1944 an ihn ein Schreiben der Kommandantur Flossenbürg als Kommandoführer bei Zeiss-Ikon, Werk Reick gerichtet. Darin heißt es:

> „Die Erstaufseherin Ida Guhl teilt in ihrem Schreiben vom 13.11.44 mit, dass Sie die Aufseherin Eberhardt[24] 5 Tage beurlaubt haben, da der Bräutigam auf Einsatzurlaub sich befindet.

---

[22] FloNo.: 57882
[23] Vgl. Aussage von Bergs in: Pascal Cziborra. KZ Dresden Striesen. S.122
[24] Die Aufseherin Eberhardt ist sonst für das Außenlager Reick nicht anderweitig dokumentarisch nachzuweisen.

> Ich verweise auf das Rundschreiben vom 6.11.44, wonach zur Beurlaubung in jedem Falle erst die Genehmigung des Lagerkommandanten KL.Flossenbürg eingeholt werden muss. Außerdem wurde der Aufseherin E. vom Höheren SS-u.Polizeiführer Elbe bereits am 25.10.44 ein dreitägiger Urlaub zwecks Aufsuchens ihres verwundeten Bräutigams gewährt. Eine erneute Beurlaubung Ihrerseits ist also vollkommen unberechtigt erfolgt."[25]

Wie lange Erich von Berg in Dresden Reick das Kommando innehatte ist nicht bekannt. Er war allerdings seit November 1944 auch für das Außenlager der Firma Bernsdorf & Co. im Metallwerk Striesen verantwortlich.[26] Von Berg dürfte also nach einigen Wochen in seiner Funktion durch den SS-Oberscharführer Olschewski abgelöst worden sein. Dieser ist dokumentarisch allerdings bislang nur im Schriftwechsel ab dem 28. Januar und im Februar 1945 nachzuweisen.[27]
Die äußere Bewachung des Lagers in Reick wurde von vier SS-Aufsehern bzw. Wachposten gewährleistet. Die Namen dieser vier Personen sind scheinbar nicht überliefert. Die erstmalige dokumentarische Nennung der Stärke der Wachmannschaft belegt eine Zahl von 13 Aufseherinnen am 31. Januar 1945. Diese Zahl deckt sich mit den namentlich bekannten Aufseherinnen von Zeiss Ikon, die in Holleischen ausgebildet wurden. Lediglich die Herkunft und die Identität der 14. Aufseherin namens Eberhardt ist ungeklärt.
Unbekannt ist allerdings, ob alle diese Aufseherinnen, auch schon bei Häftlingsankunft anwesend waren. Es ist daher nicht gänzlich auszuschließen, dass sie zum Teil, möglicherweise ebenfalls in Dresden, für einige Wochen zunächst in einem anderen Flossenbürger Außenlager eingesetzt worden sind.
Dies würde auch zu den Aussagen ehemaliger Aufseherinnen passen, die für ein Außenlager in Zschopau bei Chemnitz, für den Automobilkonzern Auto Union AG im Oktober 1944 überwiegend aus der Belegschaft frisch ausgebildet worden waren,

---

[25] Vgl. B 162 / 25688 S.88
[26] Vgl. Aussage von Bergs in: Pascal Cziborra. KZ Dresden Striesen. S.123
[27] Vgl. B 162 / 25688 S.78

und nach ihrer Ausbildung in Holleischen, die am 20. Oktober endete, nach Dresden Reick zu Zeiss Ikon versetzt worden waren. Erst gegen Ende November wurden sie zurück nach Zschopau beordert, da dort am 25. November 1944 500 Jüdinnen um ca. einen Monat verspätet aus Auschwitz eingetroffen sind.[28] Die Anzahl der betroffenen Aufseherinnen ist unbekannt. Die Aussage stammt von Johanna Weber, die in Dresden Reick durch die Oberaufseherin beurlaubt worden war, da ihre Zwillingsschwester am 18. November heiratete. Als sie nach dem Urlaub ihren Dienst in Dresden wieder antrat, wollen sie ihre Arbeitskolleginnen, die zurück nach Zschopau versetzt wurden, auf dem Bahnhof gesehen und auf sich aufmerksam gemacht haben, aber Weber hatte sie in der Menschenmenge nicht registriert. Sie blieb daher über Nacht in Dresden, versah dort noch einmal Dienst und reiste dann den anderen Zschopauer Aufseherinnen zum neuen Einsatzort im DKW-Werk der Auto Union nach.[29]

Spätestens zu diesem Zeitpunkt dürften die werkseigenen Aufseherinnen der Firma Zeiss Ikon [wieder] in Dresden eingetroffen sein, und den Wachdienst und ihre Aufseherinnentätigkeit übernommen haben. Versetzungsmeldungen der Zschopauer Aufseherinnen sind anscheinend nicht überliefert.

[28] Vgl. Pascal Cziborra. KZ Zschopau. S.11ff.

[29] Vgl. Pascal Cziborra. KZ Zschopau. S.119ff.

d) Allgemeine Lagerbedingungen in Dresden Reick

Über die anfänglichen Lagerbedingungen ist nur wenig bekannt. Die überwiegend polnischen und russischen Frauen wurden direkt auf dem Fabrikgelände in einem der oberen Stockwerke der Fabrik einquartiert und verließen diese wahrscheinlich nur selten. Die Fenster dürften mit Stacheldraht oder Gittern gesichert worden sein. Es dürfte einen Waschraum, eine Häftlingsküche und ein kleines provisorisches Krankenrevier gegeben haben. Die Schnittstelle zwischen Häftlingen und Wachpersonal stellten Funktionshäftlinge dar. Die genauen Identitäten der Lager- oder Blockältesten sind nicht überliefert. Sara Nemet gibt 1967 allerdings zu Protokoll:

> „In unserem Lager war eine kleine polnische Häftlingsfrau als Kapo, sie war grausam, rücksichtslos. Name nicht erinnerlich. Laut meiner Erinnerung war in unserem Lager keine Lagerälteste gewesen."[30]

Bei Rosalie Grossmann heißt es allerdings leicht abweichend:

> „Zur Lagerältesten wurde eine hilfsprivilegierte Frau aus Aknaszlatina - mit Vornamen Cipora - ernannt. Meines Wissens nach gab es in Dresden keine Blockälteste."[31]

Die ungarische Jüdin namens Cipora dürfte also die Lagerälteste der Jüdinnen bzw. der zweiten Häftlingsgruppe gewesen sein. Im Lager hat es mehrere Frauen aus Aknaszlatina gegeben. Eine Cipora ist nicht explizit zu belegen.
Eine Polin aus dem ersten Häftlingstransport, dürfte aber insgesamt die Funktion der „Lagerältesten" eingenommen haben. Konkrete Hinweise auf ihre Identität liegen nicht vor.
Gearbeitet wurde im Schichtsystem direkt im Werk. Forderungsnachweise über die erbrachten Arbeitsleistungen der

---

[30] Aussage Sara N. BArch B 162 / 25688 S.25 – 23.07.1967

[31] Aussage Rosalie G. BArch B 162 / 25688 S.23 – 10.07.1967
Original: „A lágerelteszte tisztségében egy aknaszlatinai nö – Cipora elönéven – volt beosztva. Tudtommal Drezdán nem voltak blokelteszték."

Häftlinge zeigen, dass die Häftlinge als Arbeitskräfte sehnlichst erwartet wurden. Am Sonntag, den 22. Oktober 1944, kommen (alle) 200 von ihnen zum ersten Mal zum Einsatz.[32] Die Mehrheit von ihnen arbeitet zunächst einmal 14 Tage am Stück. Etwa ein Fünftel von ihnen (42 Personen = ca. 20%) sogar drei Wochen durchgehend. Der 12. November 1944 ist der erste freie Sonntag, den alle Häftlinge zur Erholung erhalten, der von da an weitestgehend regelmäßig eingehalten wird. Von nun an arbeiten die Frauen in einer Sechstagewoche.[33] Am 3. Dezember müssen 17 Frauen arbeiten und am 17. Dezember ausnahmsweise die gesamte Belegschaft. Dafür bekommen die KZ-Häftlinge Heilig Abend und beide Weihnachtsfeiertage frei. Auch an Silvester müssen laut Abrechnung nur 43 Frauen arbeiten.[34] Für das Jahr 1945 liegen keine Forderungsnachweise vor. Für den Arbeitseinsatz wurden vier Reichsmark pro Tagesbeschäftigung der Hilfsarbeiterinnen an die SS bzw. von den Unternehmen an den Staatshaushalt gezahlt. Die KZ-Häftlinge waren also ähnlich wie Leiharbeiter dem Konzern durch die SS zur Verfügung gestellt worden. Die Zeiss Ikon AG zahlte demnach im Oktober 1944 7.892,- RM, im November 20.404,- RM und im Dezember 19.540,- RM an „Löhnen“ für die freiheitsberaubten KZ-Häftlinge im Werk Reick. Mit diesen Zahlungen ließ sich das repressive Lagersystem zur Machterhaltung und ein Teil der kostspieligen Kriegsführung finanzieren.

Zur Verpflegung der Häftlinge wurden 65 Pfennige pro Kopf und Tag angesetzt. Inwiefern durch Korruption für die Häftlinge bestimmte Lebensmittel in der deutschen Küche oder privaten Taschen des Aufsichtspersonals landeten, lässt sich nicht mehr rekonstruieren. Ein Hungersterben scheint es im Lager jedoch nicht gegeben zu haben.

Möglicherweise wurde durch eigeninitiativ betriebenen Nahrungsmittelanbau den Engpässen in der Lebensmittelversorgung und der Rationierung präventiv entgegengetreten. Lily H., die

---

[32] Vgl. BArch NS4FL / 393 Bd. 2
Forderungsnachweis Nr. Flo. 665/1222 vom 1. November 1944

[33] Vgl. ebd. Forderungsnachweis Nr. Flo. 716 vom 1. Dezember 1944

[34] Vgl. ebd. Forderungsnachweis Nr. Flo. 791 vom 1. Januar 1945

erst mit einem zweiten Transport im Februar 1945 nach Dresden gelangte, lässt über ihren Arbeitseinsatz protokollieren:

> „Wir wurden nun zu verschiedenen Hilfsarbeiten gebraucht, wie Gemüsegarten, hygienische Einrichtungen aufzuräumen und anderes. In der Fabrik arbeiteten wir nicht. Laut meiner Erinnerung wurde keine der Lagerinsassinnen im Lager Dresden ermordet.“[35]

Der zweite Transport konnte wegen erforderlicher Quarantäne keine Zwangsarbeit im Rüstungsbetrieb mehr aufnehmen. Der geplante Arbeitseinsatz in der Produktion scheiterte aufgrund einer tödlichen Typhusepidemie.

e) Januar 1945

Spätestens im Januar 1945 wurde Oberscharführer von Berg durch den SS-Oberscharführer Olschewski als Kommandoführer abgelöst. Bis zu diesem Zeitpunkt ist im Außenlager Dresden Reick anscheinend kein einziger Häftlinge ums Leben gekommen. Einen Führungswechsel hat es aber im Januar auch bei der Position der Oberaufseherin gegeben. Ida Guhl soll zu Erich von Berg ins Dresdner Außenlager im Metallwerk Striesen versetzt werden, sobald eine neue Oberaufseherin, Juliane Burmeister, in Reick eingetroffen ist. In einem Schreiben der Kommandantur Flossenbürg vom 28. Dezember 1944 heißt es:

> „Nach Eintreffen der neueingeteilten Erstaufseherin Burmeister, Juliane beim AL. [Arbeitslager] Dresden – Zeiss-Ikon-Reick-Werk – wird mit sofortiger Wirkung die beim dortigen Kommando eingesetzte Erstaufseherin Ida Guhl zum AL. Dresden – Kommando Bernsdorf – als Erstaufseherin versetzt.

---

[35] Aussage Lily H. BArch B 162 / 25688 S.26f. – 24.07.1967

> Der Dienstantritt der Erstaufseherin Guhl beim Kdo. [Kommando] Bernsdorf ist an die Kommandantur umgehend zu melden.“[36]

Dieser Dienstantritt beim Kommando Bernsdorf & Co. wird am 25. Januar 1945 gemeldet.[37] Bis zu diesem Tag müsste also die neue Oberaufseherin Burmeister ihren Dienst in Dresden Reick angetreten haben.

Die „Entlassung“ der polnische Zivilarbeiterin Kazimiera Jankowska[38] zur Stapo München dürfte also noch in die Dienstzeit Guhls gefallen sein. Dieser Vorgang wird im Nummernbuch am 15. Januar 1945 vermerkt. Ob Jankowska in München ein Prozess gemacht wurde, oder sie Haftvergünstigungen erhielt, oder gar durch die Staatspolizei ganz aus der Haft entlassen wurde, ist indes unbekannt. Erhellende Hinweise zu ihrem Schicksal sind erwünscht.

Obwohl sich abzüglich der entlassenen Jankowska, laut Nummernbuch Ende Januar eigentlich 199 Häftlinge im Lager aufhielten, werden in einer Stärkemeldung für den 31. Januar 1945 für das Außenlager Dresden Reick nur 194 weibliche Häftlinge gemeldet.[39] Wie die Fehldifferenz zustande kam, ist unbekannt. Möglich wäre, dass einer der im Februar gemeldeten Fluchtvorfälle bereits im Januar erfolgte, aber auch nicht gemeldete Todesfälle, oder ein schlichter Schreibfehler wären in Betracht zu ziehen. Darüber lässt sich aber bislang nur spekulieren.

Die knapp 200 Häftlinge werden von vier Wachposten und 13 Aufseherinnen bewacht, von denen zwei scheinbar entbehrlich sind. In einem Schreiben Kommandoführer Olschewskis heißt es am 28. Januar 1945 betreffs Auslastung und Versetzung von zwei Aufseherinnen:

> „Am 22.d.M. gab ich auf fernmündlichen Befehl von K.L.Flo. über Oscha. Schmerse[40] 2 Aufseherinnen (Ursu-

[36] BArch B 162 / 8329 S.362

[37] Vgl. Pascal Cziborra. KZ Dresden Striesen. S.137

[38] FloNo.: 57791

[39] Vgl. ITS, Historische Abteilung, Flossenbürg, Nr. 10 Bl. 50ff.

[40] Oberscharführer Schmerse ist Außenlagerkommandant in Dresden Striesen

la Zipperer und Alice Richter) an Universelle-Lager[41] ab. Beide Aufseherinnen sind zwecks Auslastung aller übrigen Dienstleistenden entbehrlich. Ich bitte die Versetzung für beide auszusprechen.“[42]

Ein derartiger Versetzungsbefehl ist aber nicht überliefert. Am 29. März 1945 versahen Zipperer und Richter wahrscheinlich immer noch (sonst wieder) im Außenlager Reick für Zeiss Ikon ihren Dienst.[43]

f) Februar 1945: Medizinisches Personal

Anfang Februar treffen in Reick zwei neue Häftlinge ein. Sie werden laut Nummernbuch am 06.02.1945 aus dem Außenlager Neu Rohlau (Neurohlau) überstellt. Es handelt sich dabei um die russische Zivilarbeiterin Olga Jakolewa[44] und die reichsdeutsche Katharina Remete[45]. Sie wurden am 23.11.1944 aus Auschwitz in das Flossenbürger Außenlager überstellt und könnten dort eine medizinische Ausbildung genossen haben. Mit der Auschwitzer Häftlingsnummer 77306 wurde Jakolewa Mitte April 1944 in Birkenau eingeliefert. Der genaue Ankunftstag und Transport ist nicht bekannt. Gebürtig stammte sie aus Stalingrad.

---

[41] Der Versetzungsort wurde nachträglich handschriftlich hinzugefügt. Die Notiz ist unleserlich. Ob es tatsächlich „Lager“ oder etwas anderes heißt, ist unsicher. Es ist aber definitiv das Flossenbürger Außenlager für die Universelle Maschinenfabrik J.C. Müller & Co. in der Florastraße 14 gemeint.
[42] Kommandoführer SS.Oscha. Olschewski – BArch B 162 / 25688 S. 73
[43] Vgl. BArch B 162 / 25688 S. 85
[44] FloNo.: 59944
[45] FloNo.: 59948

g) Februar 1945: Ankunft des zweiten Häftlingstransportes

Im Februar 1945 trifft in Dresden Reick zudem ein zweiter großer Häftlingstransport ein. Diesmal werden die 200 weiblichen Häftlinge aus dem KZ Bergen-Belsen (bei Hannover) überstellt und ihnen werden die Flossenbürger Häftlingsnummern 62658 bis 62857 zugewiesen. Die überlebende ungarische Jüdin Sara Nemet erinnert:

> „Nach etwa einem Monat [in Bergen-Belsen] wurde ich mit einer Gruppe ausgesonderter Häftlingsfrauen aus 6 Blocks – darunter 54 nichtjüdische Frauen Osteuropäischer Herkunft – zusammen 200 an der Zahl – nach Dresden überstellt. Dies geschah am 13. Febr. 1945.“[46]

Diese Aussage ist erstaunlich präzise, denn der Transport besteht tatsächlich aus 54 russischen Zivilarbeiterinnen und 146 Jüdinnen. Diese stammen überwiegend (135) aus Ungarn und die Gruppe wird laut Nummernbuch durch sechs französische, zwei italienische, zwei reichsdeutsche und eine tschechische Jüdin komplettiert. Ältester Häftling ist wahrscheinlich die Französin Marie Levet alias Céline Krengel[47] mit Jahrgang 1891. Jüngster Häftling dürfte die vierzehnjährige ungarische Jüdin Edith Rabinek (Jahrgang 1930) gewesen sein, die wohl mit ihrer Mutter im Lager war.[48] ‚Marie Levet' und Edith Rabinek, sind damit auch ältester und jüngster Häftling der gesamten etwa 400-köpfigen Lagerbelegschaft gewesen.

Ein Großteil der Bergen-Belsener Häftlinge hatte zuvor auch das KZ Auschwitz durchlaufen. Viele ungarische Jüdinnen waren aber auch direkt von Budapest nach Bergen-Belsen überstellt worden. Einige Jüdinnen erreichten Bergen-Belsen von Auschwitz aber auch mit Zwischenstation im bayerischen KZ Dachau (bei München). Einzelnen Personen ist also neben einer Au-

---

[46] Aussage Sara N. BArch B 162 / 25688 S.24 – 23.07.1967

[47] FloNo.: 62758 – Charlotte Zucker spricht von einer Céline Krangel Vgl. Charlotte Zucker. LES BALCONS FLEURIS D'AUSCHWITZ

[48] Vgl. FloNo.: 62786 & 62787

schwitzer Häftlingsnummer, auch eine Dachauer, Bergen-Belsener und Flossenbürger Häftlingsnummer zuzuordnen.
In dem Transport aus Bergen-Belsen befindet sich auch die 41-jährige Dresdner Jüdin Ilse Paulich. Sie war in Dresden geboren worden und hatte mit ihrem Mann Max und drei Kindern in der Großenhainer Straße 133 gelebt.[49] Für sie schließt sich hier der Kreis einer fatalen Odyssee.
Als Überstellungsdatum des Transportes aus dem KZ Bergen-Belsen ist im Nummernbuch der 25.02.1945 verzeichnet. Häftlingsberichte, auch die Aussage Sara Nemets legen allerdings nahe, dass die Frauen bereits etwa zwei Wochen früher, noch vor der großen Bombardierung Dresdens, in Reick eintrafen. Vermutlich erreichte der Transport bereits am 12.[50] Februar sein Ziel und nicht erst am 13. Februar.
Weniger präzise bezüglich der Ankunft sind die Ausführungen der Lily H.; sie gibt 1967 zu Protokoll:

> „Etwa im März 1945 wurden [in Bergen-Belsen] etwa 120 Frauenhäftlinge ausgesondert – wobei in einigen Fällen auch Geschwister von einander gesondert wurden – und diese Gruppe, in der ich mich auch befand wurde nach Dresden überstellt. Unsere Gruppe – die ganze Zahl 120 Frauen – wurde in einem einzigen riesigen Raume untergebracht. Im selben Gebäude waren noch weitere ähnliche Räume, in denen schon Frauenhäftlinge vor unserer Ankunft lebten. Darunter waren solche, die ungarisch gesprochen haben. Näheres über diese Häftlingsfrauen weiß ich nicht, denn kurz nach unserer Ankunft – wir wurden noch gar nicht in Arbeit eingesetzt – brach Flecktyphus im Lager aus.“[51]

Dass die Überstellung nicht im März 1945 erfolgt sein kann, ergibt sich aus der Tatsache, dass sich die Frauen einig darüber sind, Dresden vor der großen Bombardierung erreicht zu haben. Während Rosalie Grossmann von einem Tag vor der Bombar-

[49] Vgl. Buch der Erinnerung, Juden in Dresden
[50] Vgl. Schreiben des Kommandoführers vom 18.02.1945 s.u.
[51] Aussage Lily H. BArch B 162 / 25688 S.26 – 24.07.1967

dierung ausgeht, schreibt Charlotte Zucker in ihrer Autobiografie von einer Überstellung am 9. Februar. Die Bombardierung Dresdens vom 13. und 14. Februar wird bei ihr aber fälschlicherweise auf den 11./12. Februar datiert. Laut ihrer Schilderungen erfolgte die Bombardierung auch direkt am Tag der Ankunft.

Hier dürfte eine Komprimierung der Ereignisse stattgefunden haben. Nimmt man alle Aussagen und die Lagerdokumente zusammen und versucht sie in Deckung zu bringen, so kann es als nahezu sicher gelten, dass die Frauen, wie einem zeitnahen Schreiben des Lagerkommandanten zu entnehmen ist, am 12. Februar in Dresden eintrafen und in der Nacht des Folgetages große Teile des Fabrikareals zerstört wurden.

Die Ankunft am 12. Februar 1945 wurde also wohl erst am 25. Februar in den Flossenbürger Nummernbüchern vermerkt.

Dass Ereignisse in den Nummernbüchern als Verwaltungsakt des KZ Flossenbürg nicht rückdatiert wurden, ist keine Seltenheit. Auch im Fall des Flossenbürger Außenlagers Venusberg wurde anscheinend ein Transport aus Bergen-Belsen nicht rückdatiert. Während als Überstellungsdatum der 28. Februar zu Buche steht, soll der Transport laut einem Briefdokument wohl bereits am 13. Februar eingetroffen sein.[52] Eine weitere Gemeinsamkeit beider Transporte ist, dass sich scheinbar mit Typhus infizierte Frauen an Bord der Güterwaggons befinden und somit eine in Bergen-Belsen ausgebrochene Typhusepidemie in die sächsischen Außenlager einschleppen. Diese unter den Jüdinnen ausgebrochene Krankheit fordert schnell erste Todesfälle, nachdem das Lager Dresden Reick in seinem knapp viermonatigen Bestehen, anscheinend kein einziges Todesopfer unter seiner Belegschaft zu verzeichnen hatte.

---

[52] Vgl. Pascal Cziborra. KZ Venusberg. S. 37f.

h) Februar 1945: Die Bombardierung Dresdens

Am Tag nach der Ankunft der neuen Häftlinge fliegt die Royal Airforce mit ihren Bombergeschwadern in der Nacht vom 13. auf den 14. Februar und am Folgetag mehrere Angriffswellen. Dabei fallen dem Flächenbombardement nicht nur bis zu 25.000 Menschen zum Opfer sondern auch zahlreiche Bauten. Was die Sprengbomben stehen gelassen haben, wird häufig durch Brandbomben dem Erdboden gleich gemacht. Auch das Fabrikgelände in der Mügelnerstraße 40 ist betroffen. Sara Nemet erinnert:

> „Am folgenden Tag [nach meiner Ankunft] erlitt Dresden einen großen Fliegerangriff, in dem das Werk für das wir arbeiten sollten, schwer beschädigt wurde. Ich weiß nicht, wie das Werk geheißen hat, nur ist mir erinnerlich, dass wir nach dem Fliegerangriff verschiedene Hilfsarbeiten – Kisten Verladung und ähnlich verrichten mussten. Als wir ankamen waren im Lager etwa 200 nichtjüdische Häftlingsfrauen aus [der] Ukraine und Russland. Die Aufsicht führten SS-Aufseherinnen, deren Namen mir nicht erinnerlich sind. Lagerführer war ein SS-Unterscharführer, dessen Namen [sic] mir unbekannt war. Es war ein mittelgroßer, etwa 40-45-jähriger braunhaariger Mann, der sehr nervös war, er behandelte uns rücksichtslos, haute, trat uns mit Füßen auf Begegnung.“[53]

Bei Malka M. heißt es:

> „Nach etwa zwei Monaten [i. Bergen-Belsen], gelang[te] ich in eine kleine Gruppe von etwa 25[54] gesunden Häftlingsfrauen, die nach Dresden überstellt wurde. Uns wurde gesagt, wir werden in einer Flugzeugfabrik arbeiten. Wir wurden in einem – einige Etage[n] hohen – Gebäude untergebracht, ganz unter dem Dach, arbeiteten etwa

[53] Aussage Sara N. BArch B 162 / 25688 S.24 – 23.07.1967

[54] Hierbei handelt es sich um eine Teilgruppe, da die 200 Frauen laut Nemet in Bergen-Belsen in sechs verschiedenen Blocks selektiert worden waren.

> zwei Tage. Dann folgten Fliegerangriffe, dass wir fast die ganze Zeit in Deckung verbringen mussten. Nach etwa 10 Tagen, als wieder Ruhe eintrat, wurden wir nicht mehr zum Arbeitseinsatz genutzt. Das Regime wurde vernehmbar erträglicher, nur brach eine Typhusepidemie, die zumeist unter den Budapester Frauen, die mit einem Fußtransport [in Bergen-Belsen] anlangten, reiche E[r]nte feierte. Das Werk in dessen Objekten unser Lager gewesen ist, hieß Zeiss-Ikon."[55]

Lily H. ordnet die Bombardierung Dresdens ebenfalls historisch falsch ein. Sie gibt 1967 zu Protokoll:

> „Gegen Ende April 1945 wurde das Werk bombardiert. Wir wohnten damals im zweiten Gebäude im obersten Stockwerk. Wir mussten in einen Keller in Deckung, doch dies war nicht der Platz, wohin sich Deutsche bei Fliegergefahr begaben. Unsere Aufseherinnen liefen in die richtige Deckung. In dem – für uns beschiedenen – Keller liefen Rohre mit Gas durch die Räume. Ich bevorzugte im obersten Stockwerk zu verbleiben, ich hatte Angst, die Rohre könnten explodieren. Der erwähnte Nachtangriff hatte das Werk der Erde gleich gemacht, nur unser Gebäude ragte unbeschädigt empor. Kurz nach dem Fliegerangriffe hatten wir das Lager geräumt."[56]

Während die Werksnebengebäude Mitte Februar wohl durch Bomben und Feuer zerstört wurden, blieb das Hauptgebäude inklusive der Häftlingsunterkunft, wohl von Glasbruch und anderen äußerlichen Explosions- und Feuerschäden abgesehen, in der Bausubstanz weitestgehend unbeschädigt. Genaue Schadensbilanzen könnten möglicherweise noch zu erschließenden Firmendokumenten entnommen werden. Während die KZ-Häftlinge im Werk Reick damit scheinbar alle nahezu unverletzt bleiben, scheint es unter dem Wachpersonal und deren Familien

---

[55] Aussage Malka M. BArch B 162 / 25688 S.42 – 31.07.1967

[56] Aussage Lily H. BArch B 162 / 25688 S.27 – 24.07.1967

zahlreiche Opfer gegeben zu haben. Da die 13 überwiegend aus Dresden stammenden Aufseherinnen nun aus diversen Gründen ausfallen, herrscht bei der Besetzung der Dienstpläne des Wachpersonals Notstand.
Infolge der chaotischen Bedingungen nach der Bombardierung Dresdens und des akuten Aufseherinnenmangels, werden aus dem Flossenbürger Außenlager Venusberg, bei Chemnitz, scheinbar als eine Art Soforthilfe die vier Aufseherinnen Margarete Hass, Wally Hedwig, Marie Kastl und Anni Ott zum Arbeitslager Dresden-Reick II versetzt.[57] Sie waren vor Venusberg in einem weiteren Außenlager bis zum 3. Januar 1945 in Mehltheuer bei Plauen eingesetzt worden, was Anni Ott 1970 auch bestätigt. Von ihr liegt im Rahmen der Ludwigsburger Ermittlungen zum Außenlager Venusberg ein Vernehmungsprotokoll vor. Ihr Erinnerungsvermögen ist aber scheinbar nicht recht ausgeprägt. Ob sie sich an Vieles nicht erinnern kann oder will, lässt sich anhand des Protokolls nicht eindeutig feststellen. Die Versetzung nach Dresden Mitte Februar 1945 erwähnt sie jedenfalls nicht, vielmehr will sie im April bei der Evakuierung des Außenlagers Venusberg dabei gewesen, und bei Passau in Gefangenschaft geraten sein.[58]
Charlotte Zucker erinnert sich aber scheinbar an vier neue Aufseherinnen, die zeitnah zur Bombardierung Dresdens eingetroffen sein könnten. So scheint mit der Bombardierung Dresdens auch für einige Zeit die Wasserversorgung unterbrochen worden zu sein, was bei den Sanitäreinrichtungen aufgrund entsprechend hoher Personenzahlen erhebliche Folgen hat. Zucker äußert:

> „Es gibt kein Wasser, und es gibt vier Toiletten für zweihundert Frauen. Es ist Scheiße überall, oben an den Kloschüsseln und darüber hinaus. Am 14. [Februar] kamen vier SS-Frauen an, die sagen: "[Was für eine] Schweinerei hier: wir brauchen fünf Freiwillige." Ich denke: "So lange es mich nicht trifft." Ich bin die Fünfte, die ausgewählt wird.

---

[57] Vgl. BArch B 162 / 25688 S.75

[58] Pascal Cziborra. KZ Venusberg. S. 199ff. – Barch B 162 / 8375 S.355

Wir bekommen einen Stock in die Hände gedrückt, müssen die Verstopfung beseitigen und mit einer Schaufel leeren. Es dauert eine lange Zeit. Es gibt kein Wasser, um die Hände zu waschen, und ich bin überall mit Kot bedeckt. Als ich zurückkomme, habe ich mehr Platz. Die anderen sagen zu mir: "Du stinkst, geh weg!" Ich bin gezwungen zu gehen, und mich am Ende im Flur zu isolieren. Das Wasser kam am nächsten Tag zurück."[59]

Die Zustände im Lager müssen nach der Bambordierung chaotisch sein. Kommandoführer Olschewski beschwert sich am 18. Februar 1945 mit deutlichen Worten über die Dienstauffassung neu eingetroffener Aufseherinnen. Diese waren erst kurz vor der Bombardierung Dresdens, am 10. Februar nach Reick versetzt worden[60] und waren am Mittag (Edith Mach) bzw. am Nachmittag (Ruth Tokarski, Margarethe Piekut) des 13. Februar in Dresden angekommen. Ihre Versetzung stand vermutlich in Zusammenhang mit der Beaufsichtigung der neuen KZ-Häftlinge aus Bergen-Belsen. Die Ankündigung des Transportes bei der Kommandantur Flossenbürg hatte vermutlich die Versetzung ausgelöst. Olschewski meldet:

„Nach 28 stündiger Ruhe verweigerte die Aufseherin Tokarski zum 2. Mal den Dienst, so dass sie erst durch Verhaftung dazu gezwungen werden musste.

Nach 3 tägiger Dienstleistung verließen die Aufseherinnen Piekut und Tokarski ohne Meldung am Sonntag,

---

[59] Charlotte Zucker. LES BALCONS FLEURIS D'AUSCHWITZ. S. 264
Original: « Il n'y a pas d'eau et il y a quatre WC pour deux cents femmes. Il y a de la merde partout au-dessus des cuvetttes et au-delà. Le 14, arrivent quatre SS qui disent: "Schweinerei, c'est de la cochonnerie ici : il nous faut cinq volontaires". Je pense: "Pourvu que ca ne tombe pas sur moi". Je suis la cinquiéme à etre choisie.
On nous met un baton dans les mains et il faut déboucher et vider avec une pelle. Ca dure longtemps. Il n'y a pas d'eau pour se laver les mains et je suis couverte d'excréments partout. Quand je reviens, je n'ai plus de place. Les autre[s ?] me disent: "Tu pues, va-t-en!" Je suis obligée d'aller m'isoler au bout couloir. L'eau est revenue le lendemain. »
[60] Vgl. BArch B 162 / 25688 S.74

> dem 18.02.1945, ihren Dienst. Dem Vernehmen nach mit dem Ziel, nach KL. Flossenbürg zufahren [sic!]. Am 16.02.1945 21 Uhr meldete sich Aufseherin Pollack, mit Fahrtunterbrechung in Chemnitz – Schwangerschafts-beschwerden- zum Dienst."[61]

Dieses Schreiben verdeutlicht, dass die Aufseherinnen Piekut und Tokarski den Dienst im zerbombten Dresden entschieden verweigerten und beabsichtigten ihre Dienststelle heimlich zu verlassen, nachdem Tokarski bereits einmal durch Verhaftung zum Dienst gezwungen worden war. Die Formulierungen Olschewskis lassen offen, ob sie bei diesem Versuch aufgegriffen wurden, oder ob vernommene Kollegen, vom vermeintlichen Zielort berichteten. Wahrscheinlich wollten die beiden Aufseherinnen in Flossenbürg bei der Hauptverwaltung Beschwerde einreichen, eine Versetzung forcieren oder ihr Dienstverhältnis vollständig lösen. Möglicherweise hatten sie ihren Dienst für die SS von Anfang an kritisch angesehen oder waren von der Bombardierung Dresdens und den dortigen Arbeits- und Lagerbedingungen so schockiert, dass sie um Gesundheit und Leben fürchteten und derartige Aufgaben für unzumutbar hielten.
In einem weiteren Schreiben Olschewskis heißt es am gleichen Tag betreffs Dienstlage beim Aufsichtspersonal:

> „Am 12.2.1945, einen Tag vor den Angriff traf der Transport von vorerst angeforderten 100 sofort von 200 weibl. Häftlingen von AL. Bergen-Belsen [ein] und erhöhte die Belegschaft von 201[62] auf 401 Häftlinge, ohne das[s] eine Raumvermehrung im Lager stattfinden konnte.
> Infolge der Angriffe sind vermisst:
> 1. Erstaufseherin Sophie Kochnitzki
> 2. Aufseherin Gertrud Ackermann
> 3. Aufseherin Dora Thomann

[61] BArch B 162 / 25688 S.76
[62] Diese Häftlingszahl deckt sich mit den Nummernbüchern : 200 + 2 – 1 Entlassung, widerspricht aber der Stärkemeldung vom 31. Januar 1945 von 194 Häftlingen.

4. Aufseherin Irmgard Sauer bisher zur Universelle abkommandiert

Infolge totaler Ausbombardierung sind nicht zur Dienstleistung erschienen, bzw. durch Angehörige abgemeldet:

5. Aufseherin Ursula Zipperer, Vater vermisst
6. Aufseherin Gertraude Hegewald, krank, Schwiegermutter tot
7. Aufseherin Lieselotte Strobach, Mutter tot. Schwester tot.
8. Aufseherin Erna Trommler, krank
9. Aufseherin Alice Richter, Sohn tot
10. Aufseherin Helene Schulze
11. Aufseherin Charlotte Kiesig
12. Aufseherin Dora Kretzschmar, krank.

Von bisher 19 Aufseherinnen fielen 12 aus.
(5 Aufseherinnen, 4 Wachtmänner)
Zugang durch Versetzung von 12.2. aus KL. Flossenbürg. 3 Aufseherinnen Mach, Piekut, Tokarski. Nach 24 Stunden Ruhe versagten sie an weiteren 2 Tagen den Dienst. Aufseherin Tokarski musste erst durch Verhaftung zum Dienst gezwungen werden. Nach 2 Tagen Dienstleistung haben die Aufseherin Piekut, und Tokarski das Lager ohne Meldung verlassen. Dem Hören nach mit dem Ziel, nach KL. Flossenbürg zu fahren. Es verbleiben nur noch 2 neue Aufseherinnen: Mach, Pollack.
Inzwischen haben die Aufseherinnen Schulze und Kiesig nach Beurlaubung zur Elternsuche, Restsachenrettung aus Trümmern wieder ihren Dienst aufgenommen.“[63]

Am 18. Februar stehen Kommandoführer Olschewski zur Bewachung von ca. 400 Häftlingen also nur sieben Aufseherinnen und 4 Wachposten zur Verfügung.

[63] BArch B 162 / 25688 S.77

Am 20. Februar 1945 fordert er angesichts der äußeren Umstände bei der Kommandantur des Stammlagers folgerichtig Aufseherinnen, Wachmänner und Revolver an, und zwar:

„1.) Als Ausfall für immer oder geraume Zeit geltende Vermissten.

1. Erstaufseherin Sophie Kochnitzki
2. Aufseherin Gertrud Ackermann
3. Aufseherin Dora Thomann

Nachforschungen bei den Eltern und an der vermutlichen Todesstelle blieben ohne Erfolg.

2.) Als dienstuntauglich erwiesen sich die neu hierher versetzten Aufseherinnen Piekut und Tokarski.

Ich bitte daher um Versetzung hierher von

1.) 1 energischen Erstaufseherin mit Kommandosprache
2.) 4 weiteren Aufseherinnen.

3.) Als dringend notwendig für Aufstellung einer Alarmpostenkette ergibt sich die Kommandierung von noch 4 Wachmännern, da die Frauen mit einer Ausnahme in diesen Lagen samt und sonders versagt haben.

4.) Die Nichtbewaffnung unser[er] Aufseherinnen hat ein Angst- und Schwächegefühl bei ihnen selbst und Häftlingen gegenüber eine deutlich erkennbare Energielosigkeit zur Folge. Ich bitte daher um die Zuteilung von 10 Revolvern zur Schießausbildung und entsprechender scharfer Munition. Den Posten der Erstaufseherin versieht gegenwärtig die Aufseherin Schneider. Wird keine andere Befehlslage geschaffen, habe ich die Absicht, Schneider auf diesem Posten zu belassen. Ich bitte zutreffendenfalls um Befehl und als Ersatz dann um eine fünfte Aufseherin.“[64]

---

[64] BArch B 162 / 25688 S.78

Infolge dieses Schreibens werden am 26. Februar 1945 die Aufseherinnen Auguste Breuer, Klara Fechner, Maria Nix, Hildegard Raack und Erika Weberschock durch die Kommandantur des Konzentrationslagers Flossenbürg ins Kommando Dresden-Reick II versetzt. Wie der Meldung an den Kommandoführer SS-Unterscharführer Heinz (Dresden-Reick II) zu entnehmen ist, wird die Aufseherin Auguste Breuer dort als Erstaufseherin eingesetzt[65] und somit Marianne Schneider von ihrer provisorischen Tätigkeit als Erstaufseherin entbunden.
Nix und Weberschock scheinen aus dem Außenlager Freiberg und Fechner und Raack aus dem Außenlager Zwodau abgeordnet worden zu sein. In der Stärkeliste vom 29. März des Kommandoführers Heinz wird aber keine der fünf Aufseherinnen geführt. Es ist demnach nicht sicher, dass diese fünf Aufseherinnen auch das Kommando erreichten.
Auf den Wunsch nach Revolvern für die Schießausbildung der Aufseherinnen und zusätzliche Wachmänner wird scheinbar seitens der Kommandantur nicht schriftlich eingegangen. Allerdings scheinen zumindest auch vier zusätzliche Wachmänner ins Lager Dresden-Reick kommandiert worden zu sein. Laut Stärkemeldung für den 28. Februar sind für den Lagerstandort nun 12 Aufseherinnen und 8 Wachmänner dokumentiert. Keiner der Wachmänner ist namentlich belegt. Als Häftlingsbelegschaft sind nun 388 Personen angegeben.[66] Da im Februar laut Nummernbuch 202 zusätzliche Häftlinge eintrafen und acht Häftlinge flohen, müssten sich eigentlich 393 Häftlinge im Lager befunden haben. Die schon in der Aufstellung vom 31. Januar 1945 fehlenden fünf Frauen wurden also weiter fortgeschrieben.
Mit dem Aufseherinnenersatz werden auch die als dienstuntauglich beschriebenen Aufseherinnen Margarete Piekut und Ruth Tokarski durch die Kommandantur Flossenbürg in das Außenlager Holleischen ins Sudetenland versetzt. Sie haben das dortige Lager am 1. März 1945 erreicht.[67] Die Ausführungen Fotini Tzanis vom Untertauchen dieser beiden Aufseherinnen

---

[65] Vgl. BArch B 162 / 25688 S.79
[66] Vgl. ITS, Historische Abteilung, Flossenbürg, Nr. 10 Stärkemeldung vom 5. März 1945
[67] Vgl. BArch B 162 / 25688 S.80

sind also nicht ganz richtig; sie wurden höchstens beim Versuch des Untertauchens erwischt. Wahrscheinlich verließen sie aber nur eigenmächtig ihre Dresdner Dienststelle, um bei der Kommandantur Flossenbürg Beschwerde einzulegen und persönlich ein Versetzungs- oder Entlassungsgesuch zu stellen, infolgedessen sie zweifelsfrei nach Holleischen versetzt wurden. Es ist ihnen trotz dokumentierter deutlicher Anzeichen des Widerwillens und der Dienstverweigerung nicht gelungen, sich dem KZ-Dienst gänzlich zu entziehen.[68]
Ebenfalls auf den 1. März datiert ein Schreiben an den Kommandoführer SS-Unterscharführer Jordan. Darin heißt es:

> „Der Urlaub der Aufseherin Charlotte Kiesig kann nach den bestehenden Urlaubsbestimmungen nicht genehmigt werden. Die Aufseherin Edith Mach ist umgehend nach Flossenbürg in Marsch zu setzen."[69]

Es ist nicht sicher, ob dieser Befehl befolgt wurde. Möglicherweise konnte Edith Mach, die wie Tokarski und Piekut erst am 13. Februar in Dresden eingetroffen war, wegen Krankheit nicht nach Flossenbürg versetzt werden. Am 29. März 1945 wird sie als zur Zeit krank immer noch dem Kommando Reick zugehörig geführt. Möglicherweise fiel sie den gesamten März aus. Ob ihre Kommandierung nach Flossenbürg mit einem Versetzungs- oder Entlassungsgesuch (möglicherweise aus gesundheitlichen Gründen) oder anderem unangepasstem Verhalten zusammenhing, lässt sich anhand der schmalen Quellenbasis nicht beantworten.[70]

---

[68] Vgl. Fotini Tzani. Zwischen Karrierismus und Widerspenstigkeit. S.79
[69] BArch B 162 / 25688 S.80
[70] Vgl. Fotini Tzani. Zwischen Karrierismus und Widerspenstigkeit. S.69ff.

i) Februar 1945: Fluchtvorfall

Am 27. Februar 1945 werden im Flossenbürger Nummernbuch acht Häftlinge, fünf russische Schutzhäftlinge und drei polnische Zivilarbeiterinnen, aus dem Außenlager Reick als „geflüchtet" gemeldet. Dabei nutzten die Russinnen Soja Anisimowa[71], Klara Muschenkow[72], Tamara Nediljko[73], Nadia Owsjanikowa[74] und Lida Pisna[75] sowie die Polinnen Helena Cackowska[76], Genowefa Luwek[77] und Krystyna Wisniewska möglicherweise die chaotischen Umstände während und nach der Bombardierung Dresdens, um sich eventuell bereits in der Bombennacht oder bei der Trümmerräumung abzusetzen und in den Ruinen der Stadt unterzutauchen.

Über die genauen Umstände der Flucht liegen allerdings keine Informationen vor. Auch ist nicht bekannt, was aus den geflohenen Frauen wurde. Trotz der zahlreichen Meldungen des Kommandoführers aus der zweiten Februarhälfte, sind scheinbar keine Schilderungen oder Meldungen zu dem Fluchtvorfall überliefert. Das Stammlager muss aber davon in Kenntnis gesetzt worden sein, da die oben genannten Frauen, am 27. Februar in den Nummernbüchern als geflüchtet vermerkt wurden. Wenn Olschewski am 20. Februar schrieb: *„Als dringend notwendig für die Aufstellung einer Alarmpostenkette ergibt sich die Kommandierung von noch 4 Wachmännern, da die Frauen mit einer Ausnahme in diesen Lagen samt und sonders versagt haben."* [78], so könnte er ganz konkret die nicht verhinderte Flucht der Häftlingsgruppe im Sinn haben. Sein Schreiben trägt einen Eingangsstempel vom 24. Februar 1945. Möglicherweise lag eine Aufstellung über die Geflohenen bei. Da in den Nummernbüchern nur selten Ereignisse rückdatiert werden, ist jedenfalls

[71] FloNo.: 57744
[72] FloNo.: 57846
[73] FloNo.: 57849
[74] FloNo.: 57856
[75] FloNo.: 57862
[76] FloNo.: 57757
[77] FloNo.: 57837
[78] BArch B 162 / 25688 S.78

davon auszugehen, dass sich die Flucht tatsächlich vor dem 27. Februar ereignete. Zudem ist recht wahrscheinlich, dass sie nach dem 18. Februar erfolgte, da hier vom Kommandoführer noch eine Belegschaftsstärke von 401 Frauen angegeben wird. Möglicherweise hoffte man aber auch noch auf eine Wiederergreifung und die Frauen waren noch nicht aus der Belegschaftsstärke gerechnet.

j) März & April 1945: Todesfälle durch Typhus

Nach Ankunft der Häftlinge aus Bergen-Belsen bricht in Dresden eine Typhus-Epidemie aus, die dazu führt, dass die neu eingetroffene Häftlingsgruppe von der restlichen Lagerbelegschaft separiert, und der betroffene Transport unter Quarantäne gestellt wird. Lilly H. erinnert:

> „Wir wurden gänzlich isoliert, selbst das Essen wurde uns sehr umständlich übergeben, damit die Epidemie sich nicht ausbreite. Nach einigen Wochen Herrschaft der Krankheit blieben von unserer Gruppe nunmehr 40 Personen. Erst nach Ablauf der Typhusepidemie wurden wir in ein anderes Gebäude – direkt in den Objekten der Zeiss-Ikon-Werke – überstellt. Damals sah ich, dass außer unserer Gruppe auch weitere Frauenhäftlinge[79] überstellt wurden.“[80]

Da Lily H. von einer Gruppe von 120 Personen ausgeht, wären nach ihrer Aussage also 80 Personen oder prozentual 67% [zwei Drittel] der Häftlinge des Bergen-Belsener Transportes ums Leben gekommen. Eine solche Sterblichkeit infolge der Typhusepidemie kann aber ausgeschlossen werden. Dennoch hat es zahlreiche Todesfälle gegeben. Die Jüdin Sara Nemet berichtet:

---

[79] Gemeint sind wahrscheinlich die bereits etwa 200 weiblichen KZ-Häftlinge aus Auschwitz, oder aber die 54 russischen Zivilarbeiterinnen aus Bergen-Belsen.

[80] Aussage Lily H. BArch B 162 / 25688 S.26 – 24.07.1967

„Kurz nach unserer Ankunft brach eine Typhusepidemie im Lager aus, der 36 Leidensgefährtinnen zum Opfer fielen. Nach etwa drei Wochen verschwand der SS-Unterscharführer, ihn löste ein Oberscharführer ab, der angeblich aus Berehovo (Bereg Szasz) stammte, sprach ungarisch, er sollte Arzt von Beruf gewesen sein. Er brachte einen jüdischen Arzt, der auch aus Berehovo stammte. Der Arzt behandelte dann die kranken Häftlingsfrauen. Name nicht erinnerlich."[81]

Der genannte Funktionärswechsel kann so nicht direkt bestätigt werden. In Dresden Reick scheinen sich mehrere Personen in der Funktion des Kommandoführers abgewechselt zu haben und werden ohne klare zeitliche Abgrenzung auch von der Kommandantur Flossenbürg im Schriftverkehr als Kommandoführer angeschrieben. Es ist daher möglich, dass lediglich ein Dienstwechsel oder eine zeitweise Stellvertretung als Funktionärswechsel wahrgenommen wurde. Die Identität des vermeintlichen Oberscharführers aus Berehovo gilt als ungeklärt. In den benannten Zeitraum fällt aber anscheinend der Funktionärswechsel von Oberscharführer Olschewski, der noch am 20.02.1945 einen ausführlichen Briefwechsel mit der Kommandantur führt, und Unterscharführer Heinz, der am 26.02.1945 erstmals dokumentarisch als Kommandoführer zu belegen ist.[82] Möglicherweise ist also Unterscharführer Heinz die Person aus Berehovo, und Nemet hat die Dienstränge verwechselt. Am ersten März 1945 tritt im Lagerschriftverkehr aber auch noch ein gewisser Unterscharführer Jordan als Kommandoführer des Lagers Dresden-Reick II in der Mügelnerstr. 40 in Erscheinung.[83] Schon am 3. März ist aber ein Schreiben wieder an den Kommandoführer SS-Uscha. Heinz adressiert[84], der nun kontinuierlich als neuer Kommandoführer zu belegen ist.[85]

---

[81] Aussage Sara N. BArch B 162 / 25688 S.24 – 23.07.1967

[82] Vgl. BArch B 162 / 25688 S.79

[83] Vgl. BArch B 162 / 25688 S.80

[84] Vgl. BArch B 162 / 25688 S.81

[85] Vgl. Schreiben vom 19.03.1945, 20.03.1945, 29.03.1945 BArch B 162 / 25688 S.82ff. , sowie d. Arbeitseinteilungsliste v. 13.04.1945

Am 3. März 1945 werden außerdem acht neue Aufseherinnen nach Dresden in die Mügelnerstraße 40 kommandiert. Neben Margot Schade, Johanna Weber, Maria Ruschel, Dorothea Neugebauer, Elisabeth Scheit, Ella Rietschel und Frieda Weichert, ist es auch Irene Thalheim, die allerdings noch bis zum 9. März wegen Erledigung dringender familiärer Angelegenheiten beurlaubt ist.[86] Ob die Verstärkung eher als Reaktion auf die Fluchtvorfälle im Februar oder für Krankheitsausfälle infolge der Typhusepidemie zu werten ist, muss nach derzeitigem Kenntnisstand aufgrund lückenhafter Quellenlage offen bleiben.
Als sicher gilt jedoch, dass der neu eingetroffene Transport aus Bergen-Belsen, um ein Übergreifen der Seuche auf die bereits vorhandene Lagerbelegschaft zu vermeiden, in Dresden unter Quarantäne gestellt wurde. Denn alle registrierten Todes- und verzeichneten Bestattungsfälle beziehen sich auf den Bergen-Belsener Transport.
Während es unter den 146 Jüdinnen etwa 30 Todesfälle innerhalb von zwei Monaten im Lager gibt, ist lediglich ein Todesfall einer russischen Zivilarbeiterin unter den übrigen 54 bzw. 254 Häftlingen verzeichnet. Das ist ein deutliches Indiz für die physische Gesamtkonstitution der unterschiedlichen Häftlingsgruppen, aber auch dafür, dass der ansteckende Typhus unter den Jüdinnen ausgebrochen war.
Da die Todesursachen der dokumentierten Opfer im einzelnen nicht bekannt sind, können die Zivilarbeiterin und einzelne Jüdinnen aber auch durch andere Ursachen und Krankheiten ums Leben gekommen sein.
Vor allem im März scheint der Typhus aber mit tödlichem Ausgang im Lager zu wüten. Die erste Todesmeldung im Nummernbuch datiert auf den 5. März 1945. Die Ungarinnen Ilona Dekany[87] und Jolan Heltai[88], sowie die Tschechin Ida Walter[ova][89] werden aus der Lagerstärke abgemeldet. Da in der Regel die Todesfälle der Außenlager im Nummernbuch nicht rückdatiert werden, könnten die Todesfälle zum Teil auch noch

---

[86] Vgl. BArch B 162 / 25688 S.81
[87] FloNo.: 62682
[88] FloNo.: 62722
[89] FloNo.: 62834

in den Februar 1945 gefallen sein. Die überlieferte Stärkemeldung mit Stichtag des 28. Februars spricht aber eher dagegen. Die Todesfälle dürften daher Anfang März erfolgt sein.
Beginnend mit dem 17. März 1945 häufen sich die Todesfälle. Die Verstorbenen werden bei der Verwaltung des KZ Flossenbürg mittels Sammelmeldungen aus der Lagerstärke abgemeldet. Die Buchführung hinkt dabei, durch den Meldeweg verzögert, den realen Ereignissen um einige Tage hinterher.
So werden im Nummernbuch am 21. März 1945 sieben Jüdinnen vom Lager Dresden Reick abgemeldet, die alle um den 17. und 18. März verstorben sein dürften. Nur von zwei der Frauen liegt das Todesdatum und die Grabstelle vor. Wo und wann die anderen fünf Frauen bestattet wurden, konnte im Rahmen der Recherchen zu diesem Buch nicht festgestellt werden. Möglicherweise wurden auch mehrere Frauen in einer Grabstelle bestattet, ohne die Friedhofsverwaltung davon in Kenntnis zu setzen. Denn auch für Häftlingsbestattungen auf kirchlichen oder städtischen Friedhöfen fielen in der Regel Gebühren an.[90] Es könnten daher aus finanziellen Gründen mehrere Häftlinge illegal in Einzelgräbern bestatten worden sein. Eventuell ist aber die ausgewertete Friedhofs-Dokumentation auch wegen anderer Ursachen unvollständig. Die Opfer sind:

Iren Siklos[91] starb am 17. März [Abmeldung 21.03.1945]
Lili Feher[92] [Abmeldung 21.03.1945]
Vera Rottenstein[93] [Abmeldung 21.03.1945]
Bella Rosenberg[94] [Abmeldung 21.03.1945]
Erzebet Kalmar[95][Abmeldung 21.03.1945]
Edith Mermelstein[96][Abmeldung 21.03.1945]
Sophie Lewin[97] starb am 18. März [Abmeldung 21.03.1945]

---

[90] Vgl. Pascal Cziborra. KZ Venusberg. S.35
[91] FloNo.: 62805
[92] FloNo.: 62694
[93] FloNo.: 62799
[94] FloNo.: 62795
[95] FloNo.: 62730
[96] FloNo.: 62767
[97] FloNo.: 62759

Am 19. März 1945 schickt SS-Unterscharführer Heinz folgende Meldung [Telegramm?] an die Kommandantur Flossenbürg.

> „Ich bitte um sofortige Abstellung von 10 Aufseherinnen. Durch Epedemie [sic!] 5 Aufseherinnen, 4 Posten krank im Krankenhaus. 3 Aufseherinnen, 1 Posten auf Dienstreise. Sonst nicht in der Lage, Produktion aufrecht zu erhalten. Betrieb II Abt. einrichtet."[98]

Offensichtlich haben sich auch Aufseherinnen und Wachmänner mit Typhus angesteckt. Auf die Aufforderung der Kommandantur vom 20. März, eine „namentliche Liste der z.Zt. beim dortigen Kommando befindlichen Aufseherinnen" zu schicken,[99] meldet Unterscharführer Heinz am 29. März 15 Personen, von denen 6 Aufseherinnen (Marianne Schneider, Käthe Kirsten, Lieselotte Strohbach, Gertraude Hegewald, Edith Mach und Lena Schulz) krank sind. Es dürfte sich weitestgehend um Typhusfälle handeln, die schon am 19. März akut waren. Die Schreiben hatten sich überschnitten.

Die Liste der anwesenden Aufseherinnen legt nahe, dass sieben der acht am 3. März überstellten Aufseherinnen, nämlich Margot Schade, Johanna Weber, Maria Ruschel, Dorothea Neugebauer, Elisabeth Scheit, Ella Rietschel und Frieda Weichert, möglicherweise gar nicht in Dresden Reick eingetroffen sind. Lediglich Irene Thalheim wird genannt. Sie, Neugebauer und Scheit waren vom Dresdner Außenlager Universelle Maschinenfabrik abgestellt worden, Rietschel und Weichert vom Außenlager Helmbrechts. Die Herkunft von Schade, Weber und Ruschel ist nicht bekannt.

Einsatzfähig sind zum genannten Zeitpunkt scheinbar neben Thalheim nur Hilde Axmann, Lotte Kiesig, Dora Kret[z]schmar, Gertrud Pollack, Alice Richter, Erna Trommler, Ursula Zipperer und Irmgard Sauer.[100]

Kommandoführer Heinz hat also erhebliche Schwierigkeiten bei der Erstellung entsprechender Dienstpläne. Weitere Entlastung

---

[98] BArch B 162 / 25688 S.82

[99] BArch B 162 / 25688 S.83

[100] BArch B 162 / 25688 S.85

und Hilfe durch zusätzliches Bewachungspersonal wird ihm aber anscheinend nicht gewährt. Jedenfalls sind diesbezüglich keine Meldungen überliefert. Möglicherweise sind aber doch noch die sieben bereits Anfang März nach Dresden überstellten Aufseherinnen beim neuen Standort eingetroffen.
Während also die Epidemie anscheinend bereits auf das Lagerpersonal übergegriffen hat und die Betroffenen im Krankenhaus behandelt wurden, überließ man die infizierten KZ-Häftlinge weiter sich selbst. Laut Charlotte Zucker wurde lediglich eine Seite der Quarantäneunterkunft als Krankenrevier deklariert und die Typhuskranken zum Sterben dorthin abgeschoben.[101] Nahezu jeden Tag gibt es Todesopfer.

F1: *Todesopfer Magda Beregi*

---

[101] Vgl. Charlotte Zucker. LES BALCONS FLEURIS D'AUSCHWITZ. S.265

Laut Friedhofs- bzw. Bestattungsunterlagen starben die ungarischen Jüdinnen Magdalena Beregi[102] und Elvira Braun[103] sowie die russische Zivilarbeiterin Olga Keledionek[104] alle drei am 20. März 1945 [Abmeldung 03.04.1945], und wurden am 22. bzw., 23. März 1945 auf dem Johannisfriedhof Tolkewitz beigesetzt.

Das späte[105] Abmeldungsdatum vom 3. April 1945 deutet darauf hin, dass Meldungen nicht chronologisch abgearbeitet wurden, aus Versehen in Reick oder bei der Kommandantur Flossenbürg liegen blieben, oder unterschiedlich lang zur KZ-Stammlagerverwaltung unterwegs waren, oder in einzelnen Fällen durch die Kriegsereignisse auch vollständig verloren gingen. All diese Faktoren erschweren die Rekonstruktion der tatsächlichen Ereig-nisse, insbesondere da die Meldungen selbst nicht überliefert sind und nur anhand der Nummernbucheinträge und einiger Ta-gesmeldungen zur Lagerstärke[106] rekonstruiert werden können. So liegen für die folgenden zwei Häftlinge nur Informationen zu der Bestattung in Dresden vor. Eine Todesmeldung hat die Kommandantur Flossenbürg scheinbar nicht erreicht, oder sie wurde nicht ins Nummernbuch übertragen. Die Deutsche Ilse Paulich[107], gebürtige Dresdnerin, starb am 21. März und die Ungarin Hildegard Braun[108] am 22. März 1945.

Danach muss es wieder eine Sammelmeldung gegeben haben, durch die anscheinend erneut sieben Jüdinnen aus dem Lager Reick als verstorben abgemeldet wurden, die wohl zwischen dem 23. und 26. März in Reick verstorben sind.

---

[102] FloNo.: 62667
[103] FloNo.: 62675
[104] FloNo.: 62736
[105] Spätere Todesfälle wurden eher , d.h. am 31. März abgemeldet.
[106] Vgl. NARA, M-1935 R-2
[107] FloNo.: 62778
[108] FloNo.: 62676

Eva Siklos[109] starb 23. März 1945 [Abmeldung 31.03.1945]
Kato Kallos[110] [Abmeldung 31.03.1945]
Olga Kalmar[111] am 25. März [Abmeldung 31.03.1945]
Maria Mendel[112] am 25. März [Abmeldung 31.03.1945]
'Marie Levet'[113] am 25. März [Abmeldung 31.03.1945]
Eva Karpat[114] am 26. März [Abmeldung 31.03.1945]
Anna Hay[115] am 26. März [Abmeldung 31.03.1945]

Auch hier liegen zu einer Frau keine Informationen zum Todeszeitpunkt und zur Begräbnisstelle vor. Den Todesfall der als *Marie Levet* registrierten Französin beschreibt Charlotte Zucker recht ausführlich in ihrer Autobiografie. Ihr eigentlicher Name sei „Céline Krangel" gewesen und laut Zuckers Erinnerung sei diese etwa am 28. oder 29. März in Dresden an Typhus verstorben. Zucker erzählt:

> „Läuse begannen an unserem Kopf und Körper zu nagen. Céline [Krangel] entlauste[116] mich. Infolge der Jagd, wurden unsere Kleider zu Lumpen. Ich hatte keine Ärmel an meinem Kleid. [...] Ich war hungrig. Wir waren untätig [...]
> Diejenigen, die im Begriff waren an Typhus zu sterben, wurden auf die andere Seite des Raumes gelegt. Eine Ungarin, die in den Linien der Hände las, vor dem Sterben, sagte etwas wie "agneau"[117]. Ich denke, es bedeutet "Mutter" in ungarisch. Als wir ihren Körper heraustrugen [?] *hatte sie sich ein Stück Fleisch wundgelegen* [?].
> Die Suppe war nicht gut. [?] *Diejenigen, die man servierte, aßen sie nicht, trotz des Hungers, der sie quälte.*[?]

[109] FloNo.: 62805
[110] FloNo.: 62729
[111] FloNo.: 62731
[112] FloNo.: 62765
[113] FloNo.: 62758 alias Céline Krengel
[114] FloNo.: 62732
[115] FloNo.: 62720
[116] Da Läuse auch den Typhus übertragen konnten, war das eine lebenswichtige Beschäftigung der Frauen. Vgl. KZ Venusberg S. 62
[117] „Anyu" heißt im Ungarischen Mami. „Anya" Mama/Mutter.

Céline sagte, sie sei wie meine Mutter. Aber als sie alle ihre Suppe aßen und ich hungrig war, habe ich ihr gesagt: "Ich bin nicht dein Mädchen, denn wenn ich es wäre, würdest du mir Essen geben. Mama würde mich vermissen. Sie würde mir einen Teil von ihrer Suppe geben."
Céline war die älteste von uns allen, den vier Französinnen und den zwei Italienerinnen. Ihr Kopf wehrte sich nicht. Sie fiel zurück in die Kindheit. Sie wurde inkontinent und verschmutzt. Weil sie meine Freundin war und sie mir nach Bergen-Belsen und Dresden folgte, fühlte ich mich für sie verantwortlich.
Ich hatte sie im Waschraum gewaschen und auf Toilette geführt, als würde ich ein Kind haben. Aufgrund ihrer Betreuung, wurde ich nervös und reizbar, und schlug sie wie man ein Kind schlägt, wenn wir nicht mehr wissen, wie man es sonst erklären soll. Ende März verschlechterte sich ihr Zustand, und ich konnte nichts für sie tun. Sie wurde in das Hospiz überführt, auf die gegenüberliegende Seite ... Am 28. oder 29. [März] starb sie an Typhus.“[118]

---

[118] Charlotte Zucker LES BALCONS FLEURIS D’AUSCHWITZ S.265f.
Original: « Les poux ont commencé à nous ronger la tête et le corps. Céline m'enlevait les poux. À force de les pourchasser, nos vêtements devenaient des loques. Je n'avais plus de manches à ma robe. […] J'avais faim. Nous étions inactives. […] Celles qui se mouraient du typhus étaient mises de l'autre côté du local. La Hongroise qui lisaient dans les lignes des mains, avant de mourir, disait quelque chose comme "agneau". Je crois que cela veut dire "maman" en hongrois. Quand on a sorti son corps, les escarres en avaient fait une pièce de boucherie.
La soupe n'etait pas bonne. Celles qui étaient servies ne mangeaient pas malgré la faim qui les tenaillaient. Céline disait qu'elle était comme ma mère. Mais comme elle mangeait toute sa soupe et que j'avais faim, je lui disais: "Je ne suis pas ta fille, car si je l'étais, tu me donnerais à manger. Maman, elle, se priverait pour moi. Elle me donnerait une partie de sa soupe..."
Céline était la plus âgée de nous toutes, les quatre Francaises et les deux Italiennes. Sa tête n'a pas résisté. Elle est retombée en enfance. Elle est devenue incontinente et se souillait. Comme elle était mon amie et qu'elle m'avait suivie à Bergen-Belsen et à Dresde, je me sentais responsable d'elle.

Zuckers Schilderungen geben einen weitestgehend glaubwürdigen und intensiven Eindruck, wie es während der Typhusepidemie, insbesondere Ende März, unter den isolierten Frauen zuging. Auch trat der beschriebene Todesfall wohl bereits am 25. März ein. Die dokumentarische Überlieferung bleibt aber weiterhin lückenhaft. Einige Meldungen scheinen zu fehlen.
Die Todesfälle der Frieda Perl[119] am 27. März, sowie der Edit Eichler[120] und Maria Weisz[121] am 30. März 1945 werden zwar nicht im Nummernbuch verzeichnet, sind aber den Friedhofsunterlagen zu entnehmen. Frieda Perl wurde mit Anna Hay am 28. März beigesetzt und die anderen beiden Jüdinnen am 31. März. Damit sind im März 1945 im Außenlager Dresden Reick wohl etwa 25 Häftlinge verstorben, die größtenteils einer Typhusepidemie zum Opfer gefallen sein dürften. Innerhalb von 14 Tagen sind in der zweiten Monatshälfte 22 Frauen verstorben. In der Stärkemeldung zum 31. März 1945 schlägt sich das aber noch nicht vollständig nieder. Von Ende Februar bis Ende März sind lediglich 13 Abgänge berücksichtigt.[122] Es dürften sich Ende März also bereits deutlich weniger als 375 Häftlinge im Außenlager befunden haben. Neben acht Wachmännern und einem erstmals in die Stärke gerechneten Kommandoführer, werden die Häftlinge nun von 20 Aufseherinnen bewacht.[123] Die acht angekündigten zusätzlichen Aufseherinnen zum Ausgleich des Krankenstandes dürften also endlich eingetroffen sein.

Il fallait que je la lave au Washraum et que ja la mène a ux WC, comme je l'aurais fait d'un enfant. À force de m'occuper d'elle, je devenais nerveuse et irritable, et je la frappais comme on frappe un enfant quand on ne sait plus se faire comprendre autrement de lui. Fin mars, son état a empiré et je ne pouvais plus rien faire pour elle. On l'a transportée dans le mouroir, de l'autre côté... Le 28 ou le 29, elle est morte du typhus. »

[119] FloNo.: 62779

[120] FloNo.: 62688

[121] FloNo.: 62843

[122] Vgl. ITS, Historische Abteilung, Flossenbürg, Nr. 10 – Meldung 3. April

[123] Ebd.

Auch im April gibt es weitere Todesfälle. So stirbt am 5. April 1945 die ungarische Jüdin Livia Schultz[124] und am 6. April Edith Lengyel[125], die beide am 7. April auf dem Johannisfriedhof Tolkewitz beigesetzt werden. Es liegen Bestattungsinformationen vor, aber ihr Tod wurde nicht in den Nummernbüchern verzeichnet. Genau umgekehrt ist es bei folgenden drei ungarischen Jüdinnen

Alice Glück[126] [Abmeldung 8. April 1945]
Ilona Glück[127] [Abmeldung 8. April 1945]
Lenke Berdach[128][Abmeldung 8. April 1945]

Es liegen keine Todes- und Bestattungsdaten vor. Dass sie aber noch vor der anstehenden Evakuierung in Dresden ums Leben kamen, dafür spricht ein weiterer Bestattungsfall der Jüdin Livia Vajdy[129] vom 14.04.1945. Wahrscheinlich hat die entsprechende Todesmeldung das Lager Reick gar nicht mehr verlassen. Die Tote wurde vermutlich kurz vor der Evakuierung noch auf dem Johannisfriedhof Tolkewitz beigesetzt, oder ihre Leiche war beim Abzug der Häftlinge im Lager zurückgelassen worden.
Da das Stammlager Flossenbürg am 23. April 1945 befreit wurde, und die Verwaltung bereits Mitte April zusammenbrach, ist es aber durchaus möglich, dass das Lager Reick noch eine reguläre Todesmeldung verließ, die aber im Stammlager nicht mehr ankam oder nicht mehr bürokratisch verarbeitet wurde.
In der ersten Aprilhälfte 1945 hat es in Dresden Reick also mindestens sechs Tote gegeben. Laut letzter Stärkemeldung bzw. einer Arbeitseinteilungsliste vom 13. April 1945, hat es im Außenlager Dresden Reick zu diesem Zeitpunkt noch 362 Häftlinge gegeben. Auch diese Zahl deckt sich nicht mit den Nummernbüchern und den sich rechnerisch ergebenden 13 Abgängen. Sehr wahrscheinlich wurden etliche Todesfälle vom Ende März erst in der Statistik des Aprils berücksichtigt.

---

124 FloNo.: 62813
125 FloNo.: 62757
126 FloNo.: 62703
127 FloNo.: 62706
128 FloNo.: 62666
129 FloNo.: 62829

Insgesamt dürften mindestens 31 Häftlinge in Dresden Reick infolge der Typhusepidemie verstorben sein. Wenn die Überlebende Sara Nemet eingangs des Kapitels also von 36 Todesopfern der Typhusepidemie spricht, scheint es sich dabei um eine recht realistische Angabe zu handeln. Möglicherweise sind darin auch noch späte Opfer der Lager-Evakuierung nach dem 14. April 1945 enthalten. Es ist aber auch möglich, dass einige Todesopfer in Dresden, weder in den Nummernbüchern abgemeldet, noch in den Friedhofsunterlagen vermerkt wurden, weil möglicherweise Meldungen verlorengingen. Das könnte zum Beispiel die Todesfälle der Clara[130] und Jeanette Falkenheim[131] betreffen, die den Krieg wohl nicht überlebten, und später als vermisst galten. Charlotte Zucker schreibt über ihr Schicksal:

> „Es gab eine Mutter und Tochter eines großen französischen Orchester-Chefs. Das Mädchen war 15 [sic! 17] Jahre und wollte nicht essen. Ihre Mutter war verzweifelt. Ich versuchte, sie mit einem Löffel zu füttern, aber tief in mir dachte ich, und sagte zu mir selbst: "Hoffentlich isst sie nicht: dann habe ich die Suppe!" Sie sind beide gestorben."[132]

Wann und wo wird bei Zucker nicht konkretisiert. Auch ist unklar, wo die beiden bestattet wurden. Die Falkenheims stammten jedenfalls aus Deutschland, hatten vor dem Krieg in Köln gelebt und Jeanette war in Frankfurt geboren. Sie wurden 1944 über Lyon nach Auschwitz deportiert. Ob es tatsächlich einen berühmten Orchester-Chef oder Dirigenten namens Falkenheim gab, konnte bislang nicht in Erfahrung gebracht werden. Möglicherweise wurden (auch) hier fiktionale Anteile hinzugedichtet.

---

[130] FloNo.: 62690

[131] FloNo.: 62691

[132] Charlotte Zucker. LES BALCONS FLEURIS D'AUSCHWITZ S. 265 Original: « Il y avait une mère et sa fille d'un grand chef d'orchestre francais. La petite avait une quinzaine d'années et ne voulait pas manger. Sa maman en était désespérée. J'essayais de lui donner á manger à la cuiller, mais je crois bien qu'au fond de moi je me disais: "Pourvu qu'elle ne mange pas: j'aurai sa soupe!" Elles sont mortes toutes les deux. »

k) März 1945: Die Flucht der Jefrosina Timoschenko

Während die überwiegend jüdischen Frauen des Bergen-Belsener Transportes immer noch mit dem Typhus ringen, gelingt der 30-jährigen russischen Zivilarbeiterin Jefrosina Timoschenko[133] aus dem anderen Belegschaftsteil eine Flucht. Diese wurde wohl am 22. März im Flossenbürger Nummernbuch verzeichnet. Hintergründe der Flucht oder eine Meldung sind nicht überliefert. Die Kommandantur wurde aber offensichtlich über den Vorfall in Kenntnis gesetzt. Hinweise zum Schicksal der Geflohenen sind erwünscht.

l) März 1945: Überstellung nach Bergen-Belsen

Laut Nummernbuch wurden am 23.03.1945 außerdem die polnische Zivilarbeiterin Irena Gieroba[134] (Sieroba) und der polnische Schutzhäftling Barbara Lewartowska[135] in das KZ Bergen-Belsen überstellt. Möglicherweise waren die beiden Frauen schwanger.

Die 23-jährige Stenotypistin Gieroba aus Lublin, die möglicherweise mit ihrer Mutter Maria nach Dresden überstellt worden war, wurde am 15. April 1945 in Bergen-Belsen befreit. Sie wird in einer entsprechenden Befreiungsliste als Irena Sieroba geführt. Das Schicksal Lewartowskas ist unbekannt.[136]

Begleitet wurden die zwei Frauen möglicherweise von drei Aufseherinnen und einem Posten. Laut Telegramm vom 19. März 1945 des Unterscharführers Heinz befindet sich an diesem Tag dieser Teil der Wachmannschaft „auf Dienstreise“[137]. Es ist davon auszugehen dass zur Bewachung der Häftlinge mindestens ein Aufseher und eine Aufseherin mitfuhren. Möglicherweise fand parallel eine zweite Dienstreise, z.B. zur Erledigung von Angelegenheiten im Stammlager Flossenbürg statt, wie dies

[133] FloNo.: 57903
[134] FloNo.: 57777
[135] FloNo.: 57829
[136] Vgl. Bergen-Belsen Gedenkbuch. Band 2 S.643
[137] BArch B 162 / 25688 S.82

Oberaufseherin Ida Guhl wohl im Dezember 1944 einmal vorhatte.[138] Da im Nummernbuch auch bei Einzelüberstellungen selten rückdatiert wurde, könnte also am 19. März der Transport nach Bergen-Belsen erfolgt sein.

m) April 1945: Die Evakuierung

Laut Stärkemeldung vom 13. April 1945 befanden sich noch 362 weibliche KZ-Häftlinge im Außenlager Reick. Es waren 402 Frauen und Mädchen überstellt worden. Ein Häftling wurde 1945 entlassen, neun Häftlinge waren laut Nummernbüchern geflohen, zwei nach Bergen-Belsen überstellt worden. Demnach müssten bis zum 13. April 28 Häftlinge verstorben sein. Diese Zahl liegt in jedem Fall über der Zahl der Personen, die in den Nummernbüchern als Todesfälle abgemeldet wurden. Tatsächlich dürften aber noch weniger Häftlinge die Evakuierung am 14. April angetreten haben, da mindestens eine Person noch am 14. April in Dresden bestattet wurde. Die angegebene Zahl entspricht aber sehr wahrscheinlich in etwa dem realen Häftlingsstand.
Für die Datierung der Lagerevakuierung gibt es bislang keine handfesten Belege, aber an dem entsprechenden Wochenende Mitte April wurden die meisten Flossenbürger Außenlager aufgelöst. Charlotte Zucker nennt in ihrer Autobiografie den 14. April explizit, wenngleich bei ihr nicht alle Datierungen korrekt sind:

> „Am 14. April, wird uns befohlen, aufzubrechen. Wir verlassen [das Lager] mit einem Wagen und Essen. Zu

[138] Anfrage zwecks Dienstreise, Dresden, den 28.11.44: „Hiermit erlaube ich mir anzufragen, ob es möglich ist eine Dienstreise nach Flossenbürg anzutreten. Da ich für meine Aufseherinnen und Häftlinge, gern persönlich verschiedenes erledigen möchte.“ BArch B 162 / 25688 S.89
Antwortschreiben, Flossenbürg, den 2.12.1944: „Auf Ihre Anfrage hin, teilt Ihnen die Kommandantur KL. Flossenbürg mit, dass für Sie die Fahrt nach Flossenbürg genehmigt wurde. In der Anlage geht Ihnen der Dienstreiseschein zu, den Sie über Abfindung und Tag der Reise noch zu vervollständigen haben.“ BArch B 162 / 25688 S.90

Zweihundert waren wir in Dresden ankommen, viele, mindestens hundert, waren tot.[139]
Wir gehen für fünf Tage rund um Dresden, schlafen unter den Sternen, in Stadthallen oder anderen Räumlichkeiten. Alle Lager wurden geleert. Ganz Deutschland schien auf dem Marsch. Wir wussten nicht, wo wir hin sollten.
Am 19. April erreichten wir eine Scheune in der Mitte einer Wiese, in der Region Pirna, dreißig Kilometer südöstlich von Dresden, in einer Bergregion. Es war ein Bauernhof nicht weit entfernt. Italienische SS-Männer übernehmen unsere Bewachung. Sie sind sogar noch wilder als die deutschen SS-Leute. Die Schläge, die ich von den Deutschen nicht bekommen hatte, bekam ich von den Italienern.
Wir haben keine Decken. Keine Toilette, nur Blätter ohne Wasser. Polnische Frauen schlafen auf dem Boden der Scheune im Stroh. Wir sind niedergeschlagen."[140]

Abgesehen von der deutlich überhöht angesetzten Häftlingssterblichkeit, liefert Zucker damit eine der detailreichsten Evakuierungsschilderungen und lokalisiert recht konkret ein provisorisches Lager auf einem Bauernhof in der Nähe Hellendorfs.

---

[139] Diese Angabe ist übertrieben und mit Sicherheit nicht korrekt. Es dürfte bis zu diesem Zeitpunkt weniger als 40 Todesfälle gegeben haben.
[140] Charlotte Zucker. S.267 – Original:
« Le 14 avril, on nous dit qu'il faut partir. Nous partons avec une charrette et de la nourriture. Des deux cents que nous étions en arrivant à Dresde, beaucoup, une centaine au moins, étaient mortes.
On marche pendant cinq jours, tout autour de Dresde, dormant à la belle étoile, dans des mairies ou dans d'autres locaux. Tous les camps étaient vidés. L'Allemagne entière semblait en marche. On ne savait plus où nous mettre.
Le 19 avril, nous atteignons une grange au milieu d'un pré, dans la région de Pirna, à une trentaine de kilomètres au sud-est de Dresde, dans une région montagneuse. Il y avait une ferme pas très loin. Des SS italiens prennent le relais de nos gardes. Ils sont encore plus féroces que les SS allemands. Les coups que je n'ai pas eus par les Allemands, je les ai eus par les Italiens.
Nous n'avons pas de couvertures. Pas de toilettes, sinon des feuilles sans eau. Les Polonaises dorment à l'étage de la grange, dans la paille. Nous, nous sommes sur le sol battu. »

Der Evakuierungsmarsch aus Dresden dauerte also zunächst nur einige Tage. Lily H. bestätigt:

> „Wir marschierten in Richtung tschechoslowakischer Grenze – d.h. gegen Süden. Wie lange wir marschierten, weiß ich nicht mehr. Wir wurden durch SS-Angehörige – Männer und Frauen – begleitet. Ich kann mich nicht erinnern, ob während des Marsches wer erschossen wurde."[141]

In den vorliegenden Häftlingserinnerungen schwankt die angegebene Marschdauer bei sonstiger Übereinstimmung der Abläufe zwischen zwei und zehn Tagen. Die Strecke von Dresden nach Hellendorf von ca. 30 km hätte theoretisch sicher an einem Tag bewältigt werden können, sofern ein klares Marschziel vorgelegen hätte. Da die Frauen scheinbar auch unter freiem Himmel oder in anderen Gebäuden übernachteten, scheint es aber mindestens drei Marschetappen und zwei Übernachtungen gegeben zu haben. Lily H. präzisiert ihre Erinnerungen:

> „Unser Marsch dauerte etwa 10 Tage, genauer, wir waren etwa eine Woche in einer Scheune nahe zur tschechischen Grenze eingesperrt, durften auch nicht zur Notdurft hinaus. Damals waren auch ukrainische Häftlingsfrauen mit uns. Als wir die Scheune verließen, wurde uns erklärt, wir haben noch drei Tage zu gehen. Die Mehrzahl wagte die Strapaze nicht mehr und entschloss zu bleiben. Kurz hinter der Ortschaft erreichten uns die Russen, unsere SS-Begleiter hatten kaum Zeit zu verschwinden. Wir kehrten zur Scheune zurück, unsere Leidensgefährten lebten."[142]

Mit den Jüdinnen des Transportes aus Bergen-Belsen wurden also auch die ukrainischen bzw. russischen und polnischen Zivilarbeiterinnen und Schutzhäftlinge evakuiert, und ebenfalls

---

[141] Aussage Lily H. BArch B 162 / 25688 S.27 – 24.07.1967
[142] Aussage Lily H. BArch B 162 / 25688 S.27 – 24.07.1967

über einen längeren Zeitraum in der besagten Scheune einquartiert. Bei der damals 39-jährigen Rosalie Grossmann heißt es:

> „Im Lager Dresden blieb ich bis Anfang April 1945, bis das Lager evakuiert wurde.
> Während ich in Dresden im Lager war, wurde kein KZ-Häftling getötet. [...]
> Während der Evakuierung mussten alle Typhuspatienten bei diesen unmenschlichen klimatischen Bedingungen auf der Erde liegen.“[143]

Die Scheune war also als provisorische Unterkunft ganz sicher besser als weitere Übernachtungen im Freien. Aber auch hier mussten die Häftlinge auf dem mit Stroh ausgelegten Boden nächtigen. Eine klare räumliche Trennung der Typhuskranken vom Rest der Häftlingsbelegschaft scheint nicht mehr möglich gewesen zu sein. Der Höhepunkt der Epidemie war aber möglicherweise bereits überstanden.
Zucker berichtet über den Aufenthalt im provisorischen Lager auf dem Bauernhof, das sie am 19. April erreicht haben will:

> „Der 30. April. Die Deutschen gehen vorbei und sehen uns: "Sie sind schmutzig, sie stinken, sie werden uns anstecken ... " Unsere Wachen führen uns zu dem Fluss. Wir sind aufgefordert, uns auszuziehen und man gibt uns eine Handvoll von Seifenpulver. Wir sollen uns in den Fluss setzen. Am 30. April im Gebirge.
> Ich schaue auf Suzanne[144], die ich seit Januar kannte. Sie war mir immer mit Sommersprossen bekannt. Ich habe dann entdeckt, dass es keine Sommersprossen sind, sondern Schmutzpartikel aus Bergen-Belsen ... Diese Seife war Lauge und wir hatten das Gesicht und den Körper verbrannt.

---

[143] Aussage Rosalie G. BArch B 162 / 25688 S.23 – 10.07.1967
Original: „È Drezdaban 1945 áprilís elsö napjaig maradtam, mig a tábort nem evakuálták. A drezdai táborban nem öltek meg senkutmig én e tábor foglya voltam. [...] Az evakuációig csak földön hevertünk é az embertelen körülményektöl valamennyiünk tifuszba betegettünk meg.“
[144] Suzanne Kosiorowski FloNo.: 62741

> 2. Mai, man wacht auf: vor der Scheune gab es fünfzig Zentimeter Schnee! Es wurde wieder gewaschen. Wir tranken!“[145]

Die letzte Aussage suggeriert dabei ein wenig die Abhängigkeit vom Schnee für die Wasserversorgung im Lager. Dies würde nur Sinn machen, wenn die Frauen, möglicherweise immer noch aufgrund der Ansteckungsgefahr, die Scheune sonst nicht verlassen durften. Ansonsten bestätigt Zucker selbst die unmittelbare Nähe zu einem Fluss. Trinkwasser dürfte also prinzipiell vorhanden gewesen sein. Wahrscheinlich hatte der Neuschnee aber eine bessere Qualität und war für die Häftlinge direkt zugänglich; daher seine besondere Erwähnung.
Am 6. Mai sind russische Truppen schließlich so nah, dass nun auch das provisorische Lager auf dem Gehöft geräumt werden soll. Zucker erinnert:

> „Kanonen waren in der Ferne zu hören. Am 6. Mai, sagen SS-Leute: "Die Russen nähern sich. Wer kommt mit uns?" Seit August wurde ich von Bettwanzen gebissen. Die Hohlräume [?] sind so tief, dass ich nicht gehen werde. Ich sage: "Sterben oder sterben, ich ziehe es vor liegend zu sterben..." Ich bleibe in der Scheune. Die beiden Italienerinnen folgen der SS. Wir geben ihnen Brot. Am nächsten Tag kehren sie in den Stall zurück und erzählen, sie seien von ihren Wachen aufgegeben worden.

---

[145] Charlotte Zucker. LES BALCONS FLEURIS D'AUSCHWITZ S. 269
« 30 avril. Des Allemands passent et nous voient : « Elles sont sales, elles puent, elles vont amener la contagion… » Nos gardes nous mènent au bord d'une rivière. On nous dit de nous déshabiller et on nous donne une poignée de poudre de savon. On nous dit de nous mettre dans la rivière. Un 30 avril, en montagne.
Je regarde Suzanne que je connaissais depuis le mois de janvier. Je l'avais toujours connue avec des tâches de rousseur. Je découvre alors que ce ne sont pas des tâches de rousseur, mais de la crasse qu'elle traînait depuis Bergen-Belsen… Ce savon était de la lessive et nous avons eu le visage et le corps brûlés.
Le 2 mai, on se réveille : devant la porte de la grange, il y a cinquante centimètres de neige ! On s'est relavées. On en a bu ! »

> Am 8. Mai, in der Früh, kommt die Polin[146], jene, die mein Korsett in Auschwitz gestohlen hat, mit einem großen Bündel. Sie hat mich völlig ignoriert und schrie mich an: "Französin, Krieg fertig!" [...]"[147]

Den Häftlingen war also scheinbar freigestellt, ob sie sich der weiteren Evakuierung anschlossen, oder ein ungewisses Schicksal in der Scheune vorzögen. Dies wird auch von der Zeugin Sara Nemet 1967 so bestätigt:

> „Ende[148] April 1945 mussten wir evakuieren. Vor dem Fußmarsche in Richtung südwärts – kam aus Birkenau die Oberaufseherin Drechsler, die das Lager übernahm und auch am Ausmarsche die Führung hatte. Am Wege hielten wir uns an einem Bauernhofe auf, in dem die Kranken geblieben sind. Etwa am 4. Mai 1945 als wir im Chaos mit Häftlingsfrauen und Häftlingsmänner in unbekannter Landschaft marschierten, gelang es mir während eines Fliegerangriffs zu entfliehen."[149]

Auch wenn die Datierungen etwas unsicher sind, und sich nur grob mit den Angaben Zuckers decken, zeigt die Aussage, dass Nemet der Evakuierungskolonne angehörte. Der besagte Fliegerangriff dürfte bei Peterswald, dem heutigen Petrovice, erfolgt sein. Ob auch Nemet nach ihrer Flucht nach Hellendorf zurück-

---

[146] Zucker will den Häftling bereits aus Auschwitz kennen. Sie müsste daher mit dem ersten Transport nach Dresden Reick gelangt sein.
[147] Charlotte Zucker. LES BALCONS FLEURIS D'AUSCHWITZ S. 270
« On entendait le canon au loin. Le 6 mai, les SS disent : « Les Russes approchent. Qui vient avec nous ? » Depuis août, j'ai été piiquée par des punaises. Les cavités sont devenues si profondes que je ne peux plus marcher. Je me dis : « Crever pour crever ; je préfère crever couchée… » Je reste dans la grange. Les deux Italiennes suivent les SS. On leur donne un pain. Le lendemain, elles reviennent dans la grange et racontent qu'elles ont été abandonnées par leurs gardes.
Le 8 mai, dans la matinée, la Polonaise, celle qui m'a volé mon corset à Auschwitz, arrive avec un gros baluchon. Elle qui m'ignorait complètement, me crie : « Französin, Krieg fertig ! La Française, la guerre est finie… » »
[148] Eigentlich Mitte April
[149] Aussage Sara N. BArch B 162 / 25688 S.25 – 23.07.1967

kehrte geht aus dem vorliegenden Vernehmungsprotokoll nicht hervor.
Da Charlotte Zucker aber bei den Kranken blieb und ihre italienischen Freundinnen von Rhodos von der Evakuierung am nächsten Tag auf den Hof zurückkehren, dürfte es in diesem Fall kein Häftlingsmassaker durch die SS gegeben haben. Malka M. bestätigt im wesentlichen die Evakuierungsversionen ihrer Mithäftlinge, auch wenn sie die Evakuierung aus Dresden sicher deutlich zu früh ansetzt. Sie gibt 1967 zu Protokoll:

> „Etwa Ende März 1945 verließen wir das Lager Dresden zu Fuß – nach etwa 2 Tagen erzielten wir den Ort Hellendorf. Während des Marsches wurden wir grausam angetrieben. Es erschienen unbekannte Mannschaften[150], deren Einheitsangehörigkeit ich nicht anführen vermag. Gewisse, nicht erinnerliche Zahl der Leidensgefährtinnen, die nicht die Kraft aufbrachte das gestrenge Tempo zu halten, mussten hinterbleiben. Ich kann mich nicht erinnern Schüsse gehört zu haben. Doch in Hellendorf, wo wir in einem Meierhofe einige Wochen verbringen mussten, habe ich die am Wege Verlassenen nicht mehr gesehen. Ich kann mich an keine Namen der Personen, die am Wege ausfielen, erinnern. Während des Marsches sah ich zu Seiten der Straße reglose Frauenkörper, die von vor uns marschierenden Kolonnen stammten.[151]
> In Hellendorf waren auch ukrainische Häftlingsfrauen in großer Zahl. Das Lagerregime wurde erneut gestraffter. Nach Monaten mussten wir wieder Appelle stehen. Befreit wurde ich außerhalb des Meierdorfes – in der Ortschaft Hellendorf am 8. Mai 1945 durch die Sowjetkräfte.“[152]

---

[150] Hier sind wohl andere Wachmannschaften gemeint. Auch Zucker spricht von einem Kommandowechsel und neuen italienischen SS-Männern.
[151] Die Authentizität dieser Aussage ließ sich bislang nicht belegen. Sollte es derartige Leichen am Wegesrand gegeben haben, könnten sie aber auch von Todesmärschen aus anderen Lagern stammen.
[152] Aussage Malka M. BArch B 162 / 25688 S.42f. – 31.07.1967

Diese Aussage war für die Lokalisierung des provisorischen KZ-Lagers am hilfreichsten. Während auch andere Häftlinge vor allem in den Interviews der Shoah Visual History Foundation den Befreiungsort Hellendorf nennen, scheint der Hof in einem kleinen Nachbarort an einem Fluss gelegen zu haben. Es dürfte sich dabei nach größter Wahrscheinlichkeit um den Ortsteil Fichte am Buschbach im Bahratal gehandelt haben. Das erinnerte fließende Gewässer, in dem sich die Häftlinge wuschen, war also entweder der Buschbach oder die Bahra. Bereits 1984 stellte eine Forschungskommission zu den antifaschistischen Gedenkstätten im Kreis Pirna fest:

> „Auf dem Gelände des heutigen Rückhaltebeckens Buschbach befanden sich zwei Bauerngüter und die Gaststätte "Fichtenbaude". Sie stellten einen Ortsteil von Hellendorf dar. Im Zusammenhang mit dem Bau des Rückhaltebeckens Buschbach mußten diese Gebäude abgerissen werden. 1945 waren in den letzten Kriegswochen in der Scheune des Bauern Tiebel etwa 600 Frauen vieler Nationen untergebracht, darunter 25 Jüdinnen. Sie kamen vermutlich aus einem Lager in Dresden-Reick. Einige ältere Einwohner aus dem Ortsteil Markersbach können sich noch an die Ankunft des Häftlingszuges etwa im März 1945 erinnern. Die Frauen waren völlig entkräftet. An einer unübersichtlichen Stelle wagten zwei Häftlinge einen Fluchtversuch. Da sie jedoch körperlich vollkommen geschwächt waren, kamen sie nicht weit und für die Bewacher war es leicht, sie wieder einzufangen. Auf Grund der Aussagen einiger Langenhennersdorfer Bürger müßte dieser Zug durch Langenhennersdorf gekommen sein. Es ist jedoch nicht gelungen, diesen Häftlingsmarsch weiter zurückzuverfolgen. Die Bewachungssoldaten waren zum Teil Verwundete, die nicht mehr kriegsverwendungsfähig waren. Außerdem wurden die Häftlinge von Aufseherinnen bewacht. Das waren meist junge Mädchen oder Frauen. Sie feierten Feste, während die Häftlinge hungerten. Die Verpflegung war völlig unzureichend. Wenn das Essen einmal nicht

langte, bekamen die Juden überhaupt nichts. Infolge der mangelhaften Ernährung und der schlechten Behandlung, besonders durch die Aufseherinnen, verstarben etliche Häftlinge. Tote lagen mitunter tagelang am Zaun, ehe sie begraben wurden. Etwa 8 dieser Opfer der faschistischen Barbarei wurden später in einem Massengrab auf dem Friedhof in Bad Gottleuba beerdigt [...]. Kurz vor dem Einmarsch der sowjetischen Armee, während der Operation Prag, wurden die Häftlinge nach Petrovice weitergetrieben. Durch Vergleich mit ähnlichen Vorgängen in der Umgebung kann man annehmen, daß der Versuch unternommen werden sollte, die Häftlinge noch nach Terezin [Theresienstadt] zu bringen. Kurz vor dem Abmarsch der Häftlinge befahl die Lagerleiterin[153] die Einwohner des Ortsteiles Fichte zu sich und forderte von ihnen, daß sie auf keinen Fall irgendwelche Aussagen über die Vorgänge in diesem KZ-Lager machen dürften, sonst würde es ihnen schlimm ergehen. Der Häftlingszug kam jedoch nicht mehr weit. In Petrovice geriet er in einen Tieffliegerangriff. Das Aufsichtspersonal ergriff die Flucht und für die Frauen aus dem KZ Fichte war damit die Stunde der Freiheit gekommen. Es ist kein einziger Name eines Häftlings bekannt. Ebenfalls nicht, wohin die Häftlinge gingen und ob es noch Überlebende gibt.“[154]

Während das sogenannte KZ Fichte im Kreis Pirna, und insbesondere die Herkunft und das Schicksal seiner Häftlinge, 1984 immer noch größte Rätsel aufgab, konnten in der Ihnen vorliegenden Studie alle vorhandenen Puzzleteile zusammengesetzt werden. Möglicherweise ließe sich das Geschehen im KZ Fichte auf dem Hof des Bauern Tiebel noch durch Zeugenaussagen von Rudi Marschner und Margarete Scheithauer (damals Bahratal 1) ergänzen.

---

[153] Möglicherweise ist hier Oberaufseherin Drechsler gemeint. Vgl. Nemet

[154] Ehrenmale, Gedenkstätten, Erinnerungsstätten und Mahnstätten der Arbeiterbewegung und des antifaschistischen Widerstandskampfes im Kreis Pirna, 2. Auflage, 1984 S.57f.

Die Häftlinge wurden jedenfalls aus dem Außenlager Dresden Reick evakuiert und haben mehrheitlich überlebt. Zum Teil sind sie sogar aus Petrovice wieder nach Hellendorf zurückgekehrt. Da die Geschichte des KZ Fichte lediglich aus Zeugenaussagen von deutschen Anwohnern rekonstruiert wurde, sind Schätzungsungenauigkeiten wie „600 Häftlinge“ oder „25 Jüdinnen“ nicht verwunderlich. Auch zeitliche Erinnerungen sind sehr anfällig für Fehler und so könnte das Lager auch erst im April, statt im März, eröffnet worden sein. Andernfalls besteht noch die Möglichkeit, dass abgesehen von den Frauen aus Reick auch weibliche Häftlinge eines anderen Lagers nach Fichte evakuiert wurden. Konkrete Belege hierfür gibt es bislang allerdings nicht.
Spannend ist auch die Frage, ob tatsächlich etwa acht Häftlinge in Fichte verstarben, die später in einem Massengrab in Bad Gottleuba beigesetzt worden sein sollen.
So heißt es über die KZ-Massengräber auf dem Friedhof in Bad Gottleuba:

> „Auf dem evangelischen Friedhof an der Hellendorfer Straße befinden sich Massengräber, in denen Häftlinge beigesetzt wurden, die bei Fluchtversuchen erschossen wurden, aufgrund der unmenschlichen Bedingungen gestorben sind oder Opfer der "Todesmärsche" wurden. Unter ihnen waren Häftlinge aus KZ-Außenlagern, die über die Zwischenstationen Oelsen[155] und Barathal [sic!] durch den Ort getrieben worden waren.“[156]

Zahl und Geschlecht, sowie Fundstellen der Toten werden nicht näher konkretisiert. Es lassen sich daher auch nur schwer Rückschlüsse ziehen, ob es unter den Frauen des Außenlagers Dresden Reick, die vom Bahratal nach Petrovice marschierten bei Bad Gottleuba noch weitere Tote gegeben hat. Es dürfte sich aber, wenn überhaupt, nur um Einzelfälle gehandelt haben, da

[155] Betrifft Evakuierung männlicher Häftlinge aus Porschdorf (Schwalbe III)
[156] www.gedenkplaetze.info Aufruf 28.03.2014 - Bad Gottleuba
Vgl. Ehrenmale, Gedenkstätten, Erinnerungsstätten und Mahnstätten der Arbeiterbewegung und des antifaschistischen Widerstandskampfes im Kreis Pirna, 2. Auflage, 1984 S.43f.

Kranke und Marschunfähige ja größtenteils in der Scheune im Ortsteil Fichte zurückgelassen worden waren (daher möglicherweise auch die Zahl von 25 Jüdinnen). Wenn 1984 in der Broschüre von der SED-Kreisleitung aber eine konkrete Zahl von etwa acht Todesopfern in Fichte angeführt wird, so ist es recht wahrscheinlich, dass die Opfer zunächst in unmittelbarer Nähe der Scheune bestattet worden sind und vermutlich im Herbst 1945 exhumiert und nach Bad Gottleuba in ein Massengrab für verstreut bestattete Todesopfer diverser Todesmärsche umgebettet wurden. Möglicherweise lassen sich die Identitäten dieser Häftlinge in Zukunft noch feststellen. Eines der Opfer könnte Iren Weisz[157] gewesen sein, für die seit 1956 ein Gedenkblatt bei der frisch eröffneten Gedenkstätte Yad Vashem in Jerusalem vorliegt. Als Todesort wird „Helndorf neben Dresden" angegeben. Auch Ilona Walter aus Budapest dürfte laut Gedenkblatt ihrer Tochter nach dem Krieg nicht nach Ungarn zurückgekehrt sein. Sie gilt als vermisst. Ob sie noch in Dresden oder in der Region um Hellendorf ums Leben kam, ist ungeklärt. Auch die Berliner Jüdin Ursula Stern[158] zählt zu den Todesopfern. Etliche weitere ungarische Jüdinnen könnten ebenfalls noch in den letzten Kriegstagen ums Leben gekommen sein. So beispielsweise Margit Breier[159] und Agnes Bruck[160].

Die Anzahl der Toten für die zweite April-Hälfte und die ersten Maitage steht damit wohl in realistischer Kontinuität zu den vorangegangenen Lagersterblichkeiten. Ob weitere Häftlinge Anfang Mai 1945 in Peterswald (Petrovice) bei den Tieffliegerangriffen ums Leben kamen, ist unbekannt. Zeugenaussagen hierüber liegen nicht vor, auch nicht darüber, ob die Häftlinge direkt beschossen wurden. Eine Befreiungsliste für das Lager oder von späteren Erholungsaufenthalten ist nicht überliefert.

Mit Kapitulation und Kriegsende ist das Häftlingssterben aber längst noch nicht vorbei. So wurden kurz nach dem Krieg weitere Jüdinnen auf dem evangelischen Friedhof in Bad Gottleuba bestattet, die auch noch Monate nach der Befreiung, selbst noch

---

157 FloNo.: 62841

158 Vgl. FloNo.: 62822

159 FloNo.: 62677

160 FloNo.: 62678

im November 1945, den Entbehrungen der KZ-Haft, und wahrscheinlich zum Teil auch noch dem Typhus erlagen. Eine Gedenktafel erinnert:

> "Unvergessen bleiben die Opfer des 2. Weltkrieges, die in der Stadt Bad Gottleuba ihre letzte Ruhestätte fanden. Darunter Häftlinge von Bergen-Belsen und anderen Konzentrationslagern."[161]

Namentlich genannt werden:

> Esther Pinter, Ungarn, 28.5.1945
> Rosa Grundstein, Ungarn, 23.8.1945
> Magda Reismann, Ungarn, 24.7.1945
> Isabella Antal, 23.11.1945
> Lilli Gross, Ungarn, 17.10.1945
> Magda Österreich, Ungarn, 11.6.1945

Dabei dürfte es sich um Eszter Pinter[162], Rozsi Grünstein[163], Magda Reisman[164] und Magda Öszterreicher[165] vom Kommando Dresden Reick handeln. Die am 17. Oktober 1945 verstorbene Lilli Gross könnte mit Livia Grosz[166] identisch sein und Isabella Antal könnte unter anderem Namen in den Nummernbüchern registriert worden sein. Ihr war bislang noch keine Identität bzw. Flossenbürger Häftlingsnummer zuzuordnen. Es ist aber nicht ganz unwahrscheinlich, dass es sich bei den Toten um fünf oder sechs Opfer aus dem Außenlager Dresden Reick handelt, die alle aus dem Bergen-Belsener Transport stammten und auch Häftlinge des KZ Flossenbürg und zum Teil auch des KZ Auschwitz waren. Es ist recht wahrscheinlich, dass sie nach dem Krieg in Bad Gottleuba medizinisch behandelt wurden, aber sich nicht mehr von der erlittenen KZ-Haft erholten.

---

[161] Zitiert nach www.stadt-bgb.de
Vgl. Brocke, Ruthenberg, Schulenburg. Stein und Name. S. 375.
[162] FloNo.: 62781
[163] FloNo.: 62714
[164] FloNo.: 62791
[165] FloNo.: 62777
[166] FloNo.: 62713

Kenntnis von weiteren Bestattungsstätten befreiter Dresdner Häftlinge haben wir nicht. Während die russischen und polnischen Häftlinge wohl fast alle überlebt haben dürften, hat es unter den Jüdinnen insgesamt wohl mindestens 40, wahrscheinlich aber um die 50 Todesfälle gegeben.
Die Gesamtsterblichkeit des Außenlagers Dresden Reick lag damit sicher über 10%, die Mortalität der Jüdinnen sogar deutlich über 25%. Damit gehört das Kommando Reick zu den Flossenbürger Außenlagern für Frauen mit deutlich erhöhter Häftlingssterblichkeit.
Wie viele Todesopfer das Evakuierungsgeschehen des Lagers tatsächlich kostete, und wo mögliche Opfer bestattet wurden, ist bis heute weitestgehend unklar. Während der Ludwigsburger Vorermittlungen von 1967 gab es jedenfalls nur schwache Hinweise auf Erschießungen während des sogenannten Todesmarsches. Lily H. gab zu Protokoll:

> „Als wir nach der Typhusepidemie das Lager tauschten, wir gingen zu Fuß fast die ganze Nacht, passierten wir durch eine Brücke einen Fluss. In dieser Gegend wurden Schüsse hörbar, es waren Salven von automatischen Waffen. Anschließend wurden Fälle ins Wasser gehört. Es tönte als ob Körper ins Wasser geworfen werden. Gesehen habe ich nichts. Es war Nacht, wir durften uns nicht umwenden, zu beiden Seiten begleiteten uns SS-Angehörige. Keine Namen kann ich in diesem Zusammenhang nennen. Die Opfer – erschwachte, typhusüberstandene Frauen – aus anderen Gruppen – wurden erschossen. Dies wurde damals sofort gesprochen."[167]

Die Formulierungen innerhalb des Protokolls sind nicht ganz eindeutig und könnten sich anstelle des Umzugs innerhalb Dresdens von einer angeblichen Quarantäne-Ubikation ins Zeiss-Ikon Werk in die Mügelnerstraße 40 auch auf die Evakuierung von Dresden nach Hellendorf beziehen. Der erwähnte Fluss könnte je nach Verortung entweder die Elbe oder auch die Bahra

[167] Aussage Lily H. BArch B 162 / 25688 S.27 – 24.07.1967

sein. Die Ludwigsburger Ermittler kommentieren die zitierten Schilderungen 1975 folgendermaßen:

> „Häftlingserschießungen können aufgrund dieser Schilderung allein nicht festgestellt werden. Die Zeugin H. hat nach ihrer Aussage nichts gesehen. Sie zieht lediglich aus gehörten Salven automatischer Waffen und aus Fallgeräuschen im Wasser den Schluß von Häftlingstötungen in den hinter ihr marschierenden anderen Gruppen. Die Aussage ist deshalb hinsichtlich Tätern, Opfern und unter Berücksichtigung der in Dresden nach der Vernichtung der Stadt am 13./14.2.1945 herrschenden Zustände für ausreichende Feststellungen zu unbestimmt.“[168]

Im Abschlussbericht des Staatsanwaltes Heinzelmann heißt es außerdem bezüglich der Ermittlungen zum Außenlager Dresden Reick:

> „Die Vorermittlungen sind einzustellen, da keine genügenden Anhaltspunkte für noch verfolgbare Tötungshandlungen vorhanden sind. Hinsichtlich der von der Zeugin H. bekundeten Erschießungen sind keine Opfer bekannt. Zudem ergibt sich keinerlei Abgrenzungsmöglichkeit für den infrage kommenden Täterkreis, da nicht bekannt ist, von welchem Lager die Begleitmannschaft gestellt wurde.
> Darüber hinaus ist es bei der infrage kommenden Tatzeit und dem Tatort (Dresden nach dem 13./14.2.1945) unwahrscheinlich, noch Zeugen zu finden, die mit den erforderlichen genauen Angaben als Grundlage für weitere Ermittlungen dienen könnten. Da das Lager im Machtbereich der heutigen DDR lag, wäre zudem die Fortsetzung erfolgversprechender Ermittlungen nur unter Mitwirkung von DDR-Behörden möglich. Eine solche Mitwirkung ist aber nicht zu erwarten.“[169]

---

[168] Abschlussbericht vom 28. Oktober 1975 - BArch B 162 / 25688 S.99
[169] Abschlussbericht vom 28. Oktober 1975 - BArch B 162 / 25688 S.99f.

Wie die Ludwigsburger Ermittlungen (1967-1975), aber auch die Broschüre über die Gedenkorte im Kreis Pirna von 1984 bzw. 1969 zeigen, hat es in beiden deutschen Folgestaaten unterschiedlich motivierte Aufarbeitungsbestrebungen gegeben. Aus den über Jahrzehnten entstandenen historischen Fragmenten, Puzzelsteinen und verstreuten Quellen ließ sich nun eine durchgehende Lagergeschichte rekonstruieren, die annähernd 70 Jahre nach den Ereignissen, als wissenschaftliches Vermächtnis den Überlebenden und ihren Familien gewidmet ist. Vielleicht wird es in Zukunft mit Unterstützung der Leserschaft doch noch möglich sein, die Schicksale aller mindestens 402 KZ-Häftlinge des Außenlagers Dresden Reick vollständig zu klären.

F2: Postkarte der Emil Wünsche AG Mügelner Straße 40
Ausbaustand von 1897. Damals lag Reick noch außerhalb des Dresdner Stadtgebiets. Beide Flügel des Hauptgebäudes wurden später in architektonisch einheitlichem Stil nach hinten auf das Firmengelände deutlich erweitert. Große Teile der Gebäudesubstanz existieren heute noch und beherbergen das IHK-Bildungszentrum.Dresden.

Teil 2: Das Volk der Täter ?! Wachpersonal, Belegschaft und Bevölkerung

2.1 Das Wachpersonal

Für das Außenlager Dresden Reick sind zu keinem Zeitpunkt seines Bestehens mehr als neun Wachleute und 20 SS-Aufseherinnen zu belegen. Durch Fluktuation können aber deutlich mehr Personen im Lager Dienst geleistet haben. Nach der anfänglichen Lagereröffnung durch Erich von Berg war spätestens seit Ende Januar bis mindestens zum 20. Februar 1945 ein SS-Oberscharführer Olschewski Kommandoführer. Spätestens am 26. Februar wird dieser ohne überlieferte Gründe scheinbar durch SS-Unterscharführer Heinz abgelöst. Sara Nemet erinnert:

> „Zusammen mit dem Oberscharführer aus Berehovo kam auch ein Unterscharführer, mittelgroß, gut gebaut, schwarzhaarig, trug kleinen schwarzen Schnurbart, kultiviertes Auftreten – bemühte sich uns behilflich zu sein.
> Meines Erachtens wurde im Lager Dresden nicht getötet, wir waren für Arbeit nötig."[170]

Möglicherweise sind mit dem neu eingetroffenen Kommandoführer und seinem Begleiter die SS-Unterscharführer Heinz und Jordan gemeint. Der Oberscharführer, möglicherweise ein Volksdeutscher aus Ungarn, soll auch Ungarisch gesprochen haben und einen ungarischen Häftlingsarzt zur Behandlung der Typhuskranken hinzugezogen haben. Möglicherweise stammte der ungarische Häftlingsarzt aus dem KZ Flossenbürg oder einem der anderen Dresdner Außenlagern mit männlicher Belegung. Die anfänglich vier Wachposten, die im Februar neben dem Kommandoführer auf 8 Wachposten aufgestockt wurden, sind namentlich nicht dokumentiert. Die Namen der ehemaligen Kommandoführer sind auch nur durch die Adressierung und Unterzeichnung des Schriftwechsels zwischen Kommandantur

[170] Aussage Sara N. BArch B 162 / 25688 S.25 – 23.07.1967

und Außenlager überliefert. Identifizierende Merkmale können nur wenige der ehemaligen Häftlinge erinnern. Viele Häftlinge sind gar nicht, oder nur kaum mit dem Lagerpersonal in Kontakt gekommen, oder haben die Geschehnisse der Lagerzeit 1967 bereits verdrängt. Die Französin Charlotte Zucker erinnert allerdings in ihrer Autobiografie aus dem Jahr 2000:

> „Wir wurden von einem Deutschen bewacht, der 14-18 gekämpft hatte und in Frankreich geblieben war. Er sprach französisch und war freundlich zu uns."[171]

Einer der Wachleute scheint also während des ersten Weltkriegs in der kaiserlichen Armee gedient zu haben und möglicherweise nach einer französischen Kriegsgefangenschaft im Land geblieben zu sein. Er konnte sich jedenfalls, sofern hier keine fiktionale Episode vorliegt, mit der kleinen französischen Häftlingsgruppe verständigen und hat sich ihnen gegenüber menschlich benommen.
Lily H., die sich nur schwach an das Aufsichtspersonal erinnern kann, gibt zu Protokoll:

> „Dort [nach Aufhebung der Quarantäne] sah ich auch zum ersten Mal SS-Aufseherinnen, etwa 3 oder 4 an der Zahl. Ihre Namen sind nicht erinnerlich. Lagerkommandant war ein SS-Führer, dessen Namen [sic!] mir nicht bekannt war. Ich bin nicht mehr in der Lage seine Personenbeschreibung zu liefern."[172]

Bezüglich der Vernehmung der Malka M. heißt es außerdem:

> „Befragt auf Namen der Lagerkommandanten, weiß ich ihn auch auf Vorhalt nicht zu nennen. Ich erinnere mich, dass in Dresden Aufseherinnen waren, deren Namen nicht erinnerlich sind. Meines Erachtens wurde in der

---

[171] Charlotte Zucker. LES BALCONS FLEURIS D'AUSCHWITZ. S. 265 Original: « Nous étions gardées par un Allemand qui avait fait la guerre de 14-18 et séjourné en France. Il parlait française et était gentil avec nous. »
[172] Aussage Lily H. BArch B 162 / 25688 S.26 – 24.07.1967

> Zeit, die ich in Dresden verbrachte, nicht gemordet. An den Namen der Lagerältesten erinnere ich mich nicht, so auch nicht an Namen der Blockältesten."[173]

Im Rahmen der Ludwigsburger Vorermittlungen wurden also keine Angehörigen der Wachmannschaft konkret schwerer Misshandlungen oder anderer Verbrechen beschuldigt. Juristisch noch verfolgbare Tötungshandlungen werden sogar von den befragten Jüdinnen explizit verneint und ausgeschlossen.

2.2. Die Aufseherinnen

Ähnlich wie bei den männlichen Kommandoführern, gab es auch bei der leitenden Position der Ober- bzw. Erstaufseherin in Dresden Reick häufiger Wechsel. Nach dem Ausbildungslehrgang der Arbeiterinnen von Zeiss Ikon im Flossenbürger Außenlager Holleischen, war zunächst die Dresdnerin Ida Guhl als Oberaufseherin eingesetzt worden. Ihr unterstanden zunächst etwa 12 Aufseherinnen. In den ersten vier bis fünf Wochen des Lagerbestehens, wurde wohl auch durch frisch ausgebildete Aufseherinnen, die für das Außenlager Zschopau bestimmt waren, ausgeholfen. Bereits Ende des Jahres 1944 wurde per 28.12.1944 Guhls Versetzung in ein anderes Dresdner Außenlager für die Firma Bernsdorf & Co. ausgesprochen, die nachdem für sie die Erstaufseherin Juliane Burmeister eingetroffen war, am 25. Januar 1945 erfolgte. Burmeister muss nach einigen Wochen dann durch Sophie Kochnitzki ersetzt worden sein.
Nachdem durch die Bombardierung Dresdens Mitte Februar 1945 die Oberaufseherin Kochnitzki, wahrscheinlich als Todesopfer, ausgefallen war, wurde Marianne Schneider von Kommandoführer Olschewski provisorisch als Oberaufseherin eingesetzt. Per Versetzung vom 26.02.1945 wird diese jedoch durch Auguste Breuer aus Flossenbürg abgelöst, die am 7. März 1945 bereits weiter in das Außenlager Mehltheuer überstellt wurde.[174]

---

[173] Aussage Malka M. BArch B 162 / 25688 S.42 – 31.07.1967

[174] Vgl. Pascal Cziborra. KZ Mehltheuer. S.35 & S.83ff.

Frühestens mit dem Transport aus Bergen-Belsen, möglicherweise aber als Ersatz für Breuer oder erst zur Evakuierung des Lagers, soll zudem die Oberaufseherin Drechsler aus Auschwitz in Dresden Reick eingetroffen sein und die Evakuierung geleitet haben.[175] Die Identität dieser Aufseherin ist nicht ganz sicher. Eine Versetzungsmeldung liegt scheinbar nicht vor. Im Goehle-Werk der Zeiss Ikon AG arbeitete aber eine Käthe Dreßler [Dressler] als Aufseherin.[176] Ob sie jemals in Auschwitz war, ist unbekannt. Sie wurde am 15. Februar 1945 ins Stammlager Flossenbürg versetzt und sollte dort als Schreibkraft in der KZ-Verwaltung verbleiben.[177] Wahrscheinlicher ist also, dass es sich um eine Margot Drechsel [*17.05.1908] handelt, die nicht mit der Oberaufseherin Ruth Drechsler zu verwechseln ist, die im Außenlager Holleischen und in Flossenbürg an den Schulungen der Aufseherinnen beteiligt war.[178] Margot Drechsel wurde im Juni 1945 in Bautzen zum Tode verurteilt und hingerichtet[179]
Während seines sechsmonatigen Bestehens lösten sich in der Lagerleitung also anscheinend sechs verschiedene Oberaufseherinnen ab.
Vor allem die Bombardierung Dresdens und der Ausbruch der Typhusepidemie unter den Häftlingen, die auf die Wachmannschaft überspringt, führt dazu, dass im Februar zahlreiche neue Aufseherinnen nach Dresden Reick versetzt werden und spätestens im März 1945 auch erreichen. Einige neueingetroffene Aufseherinnen müssen aber auch zum Dienst gezwungen werden und werden als dienstuntauglich zur Versetzung freigegeben. Während also scheinbar maximal 20 Aufseherinnen zum Kommando gehörten und die meiste Zeit nur etwa 12 bis 13 Aufseherinnen zur Verfügung standen, haben insgesamt wohl um die 45 verschiedene Aufseherinnen periodenweise ihren Dienst auch im Außenlager Dresden Reick versehen.

---

[175] Vgl. Nemet Barch B 162 / 25688 S.25 &
Zucker. LES BALCONS FLEURIS D'AUSCHWITZ S. 234 / S.262

[176] Käthe Dreßler * 01.01.1902 - BArch B 162 / 8329 S.364

[177] Barch B 162 / 25688 S.75

[178] Vgl. Fotini Tzani. Zwischen Karrierismus und Widerspenstigkeit. S.109 & Pascal Cziborra. Frauen im KZ. S.205ff.

[179] Vgl. Pascal Cziborra. Frauen im KZ. S.231 & 240

Insgesamt ergibt sich folgende Übersicht:

Aufseherin	**Geburt**	**Geburtsort**	**Lehrgang Dienstorte**	**Dienstzeit Reick**	**Quellen**
Ackermann, Gertrud	10.10.1918	Dresden	Holleischen 14.08.44 bis 05.09.44	Seit 1944 Seit dem 14.02.1945 vermisst	B 162 / 25688 Blatt 77 Blatt 78 Blatt 83 Blatt 84 Blatt 86 Blatt 91
Axmann, Hildegard [Hilde]	14.07.1919		Holleischen 14.08.44 bis 05.09.44	Seit 1944 bis mind. 29.03.1945	B 162 / 25688 Blatt 85 Blatt 86 Blatt 91
Erstaufseherin Breuer, Auguste	03.11.1903		Flossenbürg bis 26.02.45 Mehltheuer seit 07.03.45	Seit 26.02.1945 bis 07.03.1945	B 162 / 25688 Blatt 79
Erstaufseherin Burmeister, Juliane			Ravensbrück Neu Rohlau	Seit spätestens 25.01.1945 [28.12.44] [???] bis längstens Februar 45	B 162 / 8329 Blatt 362 Tzani
Eberhardt,				Spätestens 25.10.44 bis min. 13.11.44	B 162 / 25688 Blatt 88
Oberaufseherin Drechsler ‚Drexler' = [Drechsel, Margot] [?]	17.05.1908 [?]	Mengersdorf [?]	Ravensbrück Auschwitz 27.04.1942 Flossenbürg Seit 11/1944	Seit Februar, März oder April 1945	Zucker, Nemet, Tzani, Cziborra
Fechner, Klara	25.06.1915		Zwodau	Seit 26.02.1945 [am 29.03. nicht als anwesend gelistet]	B 162 / 25688 Blatt 79 Tzani

Oberaufseherin Guhl, *Rudolph Ida	07.03.1903	Dresden	Holleischen 14.08.44 bis 05.09.44 Universelle Bernsdorf seit 25.01.45	Seit 1944 bis 25.01.1945 [28.12.44]	B 162 / 25688 Blatt 86 Blatt 89 Blatt 90 Blatt 91
Hass, Margarete [Margarethe]	12.10.1919	Wittenberg	Mehltheuer bis 03.01.45 Venusberg bis 15.02.45	Seit [???] 15.02.1945 [am 29.03. nicht als anwesend gelistet]	B 162 / 25688 Blatt 75
Hedwig, Wally [Walli]	14.06.1922	Stetterburg	Mehltheuer bis 03.01.45 Venusberg bis 15.02.45	Seit [???] 15.02.1945 [am 29.03. nicht als anwesend gelistet]	B 162 / 25688 Blatt 75
Hegewald, Gertraude [Gertraud]	12.03.1923	Dresden	Holleischen 14.08.44 bis 05.09.44	Seit 1944 bis mind. 29.03.1945	B 162 / 25688 Blatt 77 Blatt 85 Blatt 86 Blatt 91
Kastl, Marie	06.07.1922	Falkenau	Mehltheuer bis 03.01.45 Venusberg bis 15.02.45	Seit [???] 15.02.1945 [am 29.03. nicht als anwesend gelistet]	B 162 / 25688 Blatt 75
Kieswig, Kiesig Charlotte [Lotte]	20.11.1920	Dresden	Holleischen 14.08.44 bis 05.09.44	11.10.1944 bis mind. 29.03.1945	B 162 / 25688 Blatt 77 Blatt 80 Blatt 85 Blatt 86 Blatt 91
Kirsten, Käthe	11.12.1919	Dresden	Holleischen 14.08.44 bis 05.09.44	Seit 1944 bis mind. 29.03.1945	B 162 / 25688 Blatt 85 Blatt 86 Blatt 91

Erstaufseherin Kochnitzki, Sophie	13.02.1916	Langensee	Zwodau Holleischen	Seit 1945 Seit dem 14.02.1945 vermisst	B 162 / 25688 Blatt 77 Blatt 78 Blatt 83 Blatt 84 Tzani
Kretschmar, [Kretzschmar] Dora				Seit min. Februar 45 bis mind. 29.03.1945	B 162 / 25688 Blatt 77 Blatt 85
Mach, Edith				12.02.1945 bis mind. 29.03.1945	B 162 / 25688 Blatt 74 Blatt 76 Blatt 77 Blatt 80 Blatt 85
Neugebauer, Dorothea	19.08.1923		Universelle	Seit 03.03.1945 [???] [am 29.03. nicht als anwesend gelistet]	B 162 / 25688 Blatt 81
Niemand, Martha	03.06.1906	Berlin	Plauen Zwodau Neuengam.	Seit 10/44 bis [???] [am 29.03. nicht als anwesend gelistet]	B 162 / 25688 Blatt 87 Tzani
Nix, Maria	16.03.1922		Flossenbürg Freiberg	Seit 26.02.1945 [am 29.03. nicht als anwesend gelistet]	B 162 / 25688 Blatt 79 Tzani
Ott, Anni	20.10.1920	Essen	Graslitz Zwodau Holleischen Mehltheuer bis 03.01.45 Venusberg bis 15.02.45	Seit 15.02.1945 [???] [am 29.03. nicht als anwesend gelistet]	B 162 / 25688 Blatt 75 B 162 / 8375 S. 355ff. Tzani

Piekut, Margarete [Margarethe]	12.12.1921	Marienwerder	Holleischen ab 01.03.45	12.02.1945 bis 01.03.1945	B 162 / 25688 Blatt 74 Blatt 76 Blatt 77 Blatt 78 Blatt 80 Tzani
Pollack, Gertrud [schwanger]				16.02.1945 bis mind. 29.03.1945	B 162 / 25688 Blatt 74 Blatt 76 Blatt 85
Raack, Hildegard	02.06.1923		Zwodau	Seit 26.02.1945 [am 29.03. nicht als anwesend gelistet]	B 162 / 25688 Blatt 79 Tzani
Richter, Alice				Seit [????] bis min. 29.03.1945	B 162 / 25688 Blatt 73 Blatt 77 Blatt 85
Rietschel, Ella			Helmbrechts	Seit [???] 03.03.1945 [am 29.03. nicht als anwesend gelistet]	B 162 / 25688 Blatt 81 Tzani
Ruschel, Maria				Seit [???] 03.03.1945 [am 29.03. nicht als anwesend gelistet]	B 162 / 25688 Blatt 81
Sauer, Irmgard	27.10.1921		Universelle	[Zunächst vermisst] min. 02/45 bis min. 29.03.1945	B 162 / 25688 Blatt 77 Blatt 85

Schade, Margot				Seit [???] 03.03.1945 [am 29.03. nicht als anwesend gelistet]	B 162 / 25688 Blatt 81
Scheit, Elisabeth	07.01.1922		Universelle	Seit [???] 03.03.1945 [am 29.03. nicht als anwesend gelistet]	B 162 / 25688 Blatt 81 Tzani
Aufseherin Erstaufseherin Schneider, Marianne	10.07.1917		Holleischen 14.08.44 bis 05.09.44	Seit 1944 bis min. 29.03.1945	B 162 / 25688 Blatt 78 Blatt 85 Blatt 91
Schulz, [Schulze] Lena [Helene]				Seit 1944 bis min. 29.03.1945	B 162 / 25688 Blatt 77 Blatt 85
Staeger, Gertrud	10.05.1905	Berlin	Plauen Zwodau	Seit 10/44 bis ???? [am 29.03. nicht als anwesend gelistet]	B 162 / 25688 Blatt 87 Tzani
Stahl, Erna	20.01.1907	Berlin	Plauen Zwodau	Seit 10/44 bis ???? [am 29.03. nicht als anwesend gelistet]	B 162 / 25688 Blatt 87 Tzani
Strohbach, [Strobach] Lieselotte				Seit ???? bis min. 29.03.1945	B 162 / 25688 Blatt 77 Blatt 85
Thalheim, Irene	16.08.1909		Universelle	10.03.1945 bis min. 29.03.1945	B 162 / 25688 Blatt 81 Blatt 85 Tzani

Thomann, Dora				Seit dem 14.02.1945 vermisst	B 162 / 25688 Blatt 77 Blatt 78 Blatt 83 Blatt 84
Tokarski, Ruth	03.08.1922	Marienwerder	Holleischen ab 01.03.45	12.02.1945 bis 01.03.1945	B 162 / 25688 Blatt 74 Blatt 76 Blatt 77 Blatt 78 Blatt 80 Tzani
Trommler, Erna				Seit [????] bis min. 29.03.1945	B 162 / 25688 Blatt 77 Blatt 85
Vogt *Langer, Edith	29.06.1923	Berlin	Plauen	Seit 10/44 bis ???? [am 29.03. nicht als anwesend gelistet]	B 162 / 25688 Blatt 87 Tzani
Weber, Johanna	31.03.1921	Hohndorf	Holleischen 01.10.44 bis 20.10.44 Zschopau seit ca. 25.11.44 bis 14.04.45	20.10.1944 bis etwa 20.11.1944	Cziborra
Weber, Johanna				Seit [???] 03.03.1945 [am 29.03. nicht als anwesend gelistet]	B 162 / 25688 Blatt 81
Weberschock, Erika	04.03.1922		Flossenbürg Freiberg	Seit 26.02.1945 [am 29.03. nicht als anwesend gelistet]	B 162 / 25688 Blatt 79 Tzani

Weichert, Frieda			Helmbrechts	Seit [???] 03.03.1945 [am 29.03. nicht als anwesend gelistet]	B 162 / 25688 Blatt 81 Tzani
Weiss, Ingelene	11.06.1922	Berlin	Plauen	Seit 10/44 bis ???? [am 29.03. nicht als anwesend gelistet]	B 162 / 25688 Blatt 87 Tzani
Zipperer, Ursula	13.10.1923 [13.10.22]	Dresden	Holleischen 14.08.44 bis 05.09.44 [Plauen?]	1944 bis mind. 29.03.1945	B 162 / 25688 Blatt 73 Blatt 77 Blatt 85 Blatt 86 Blatt 87 Blatt 91 Tzani

2.3. Die Bevölkerung

Über das Verhalten der Bevölkerung gegenüber den Häftlingen des Außenlagers Dresden Reick ist nur wenig bekannt. Laut Charlotte Zucker sollen die Jüdinnen in Dresden beim Marsch vom Bahnhof zur Fabrik von Kindern mit Steinen beworfen worden sein. Die begleitende Aufseherin Drechsler [Drexler] soll diese Anfeindungen dann unterbunden haben.[180] Ob es sich dabei um authentisch wiedergegebene Ereignisse handelt, ist unklar. Laut Sara Nemet soll die Aufseherin Drechsler erst zur Evakuierung nach Dresden gekommen sein.

Während der Zeit in der Rüstungsfabrik wird es nur wenig Kontakt zu einzelnen Vorarbeitern gegeben haben. Da der zweite Transport aufgrund der Quarantäne aber fast gar nicht zur Zwangsarbeit eingesetzt werden konnte, waren hier die Kontakte zur Zivilbevölkerung noch spärlicher als sonst.

Den unmittelbarsten Kontakt zur Zivilbevölkerung dürfte es dann während der Evakuierung nach Hellendorf und im sogenannten KZ Fichte gegeben haben. Der unmenschliche Umgang mit den Häftlingen und die hygienisch bedenklichen Zustände mit Seuchengefahr dürften aber in breiten Kreisen der Bevölkerung Empörung und Mitleid ausgelöst haben. Vor allem nach der Befreiung dürften die Häftlinge auf dem Bauernhof Tiebel auch mit Lebensmitteln versorgt worden sein. Detaillierte und aufschlussreiche Zeugenberichte liegen hierüber allerdings nicht vor. Es ist aber möglich, dass sich einige Nachkriegsvernehmungen der Bevölkerung in lokalen Archiven erhalten haben.

[180] Vgl. Charlotte Zucker.LES BALCONS FLEURIS D'AUSCHWITZ S.262

Teil 3: Stationen der Deportation Woher sie kamen – wohin sie gingen

3.1 Transport vom Oktober 1944

Bislang konnte weder die Transportankunft in Dresden noch die Transportstärke des Gründungstransportes mit letzter Sicherheit geklärt werden. Während im Flossenbürger Nummernbuch exakt 200 Personen mit dem Überstellungsdatum 24.10.1944 registriert wurden, dürfte der Transport spätestens am Sonntag, den 22.10.1944, dem Tag des ersten Arbeitseinsatzes, in Dresden angekommen sein. Danuta Czech notiert im Kalendarium für den 16. Oktober 1944:

> „Aus dem Frauenlager Auschwitz II werden 255 weibliche Häftlinge in das KL Flossenbürg, Nebenlager Dresden, überstellt. Sie werden dort in einer Munitionsfabrik eingesetzt."[181]

Ob der Transport für das Goehle-Werk der Zeiss Ikon AG (300 Personen, Überstellungsdatum 26.10.1944) oder das Werk Reick bestimmt ist, bleibt unklar. Der Transport nach Reick bestand letztlich aber wohl doch nur aus 200 weiblichen Häftlingen. Was aus den möglichen überzähligen 55 Häftlingen wurde, ist unklar. Hat es in Reick möglicherweise einen weiteren Produktionsstandort für KZ-Häftlinge gegeben? Sara Nemet, die erst im Februar 1945 in Dresden eintraf berichtet:

> „Etwa 2 km von unserem Lager war noch ein Frauenlager mit großer Zahl Häftlingsfrauen – ich sah am Sonntag vom Fenster auf einem Hügel Frauenhäftlinge im Lager. Auf den Hügel führte ein Seilbahn – Waggonette einer Fabrik."[182]

---

[181] Danuta Czech. Kalendarium. S.908 – APMO, D-AuII-3a/64a, FL Stärkemeldung; Dpr. ZO/56, Bl.138

[182] Aussage Sara N. BArch B 162 / 25688 S.25 – 23.07.1967

Ob es sich um KZ-Häftlinge oder Zwangsarbeiterinnen handelte, und wo dieses Lager genau gelegen haben soll, ist unklar. Da diese Beobachtung erst nach der Bombardierung gemacht worden sein kann, könnten auch Häftlinge zur Trümmerräumung oder für anderweitige Arbeiten in der Nachbarschaft eingesetzt worden sein. Hinweise, um welches Objekt es sich, in einem 2km Radius von der Mügelnerstraße 40 aus, gehandelt haben könnte, wären hilfreich. Die Bombardierung könnte durch die Zerstörung der Bebauung auch den Blick in Richtungen freigelegt haben, die heute nicht mehr einsehbar sind.
Möglicherweise gab es aber tatsächlich eine Transportliste mit 255 selektierten Frauen. Dabei muss in Betracht gezogen werden, dass 55 Häftlinge eventuell vorerst nicht mit nach Dresden überstellt wurden. Bei den Zurückgelassenen könnte es sich dann sogar um die 54 russischen Zivilarbeiterinnen handeln, die später über Bergen-Belsen nach Dresden überstellt wurden. Diese gehörten jedenfalls teilweise den gleichen Einlieferungstransporten in Auschwitz an, wie ihre Mithäftlinge, die bereits im Oktober 1944 nach Dresden überstellt worden waren. Dies könnte möglicherweise auch erklären, warum der Transport aus Bergen-Belsen für das KZ-System so auffallend ungewöhnlich aus 54 Zivilarbeiterinnen und 146 Jüdinnen bestand. In der Regel setzten sich nämlich die Transporte in die Flossenbürger Außenlager entweder nur aus Jüdinnen oder Häftlingen anderer Kategorien zusammen, die in denselben Lagerbereichen selektiert worden waren. Da bislang nur 200 Transportangehörige für die Überstellung aus Auschwitz bekannt sind, kann sich im folgenden auch nur auf die ergänzte Datenbasis der Nummernbücher bezogen werden.

3.1.1 Die Polinnen

98 Häftlinge des Transportes sind in den Flossenbürger Nummernbüchern als polnische Häftlinge verzeichnet. Es handelt sich um 56 Zivilarbeiterinnen, 40 Schutzhäftlinge, eine sogenannte Asoziale in Vorbeugehaft und für eine Frau ist kein Haftgrund konkretisiert. Von etwa 20 Frauen liegen die Auschwitzer

Häftlingsnummern vor, mit deren Hilfe sich die Einlieferungszeitpunkte in Auschwitz bestimmen lassen. So wurden diese Frauen bereits zwischen August 1942 und Oktober 1943 aus diversen polnischen Haftanstalten und Gefängnissen in (Sammel-)Transporten durch die Sicherheitspolizei (Sipo) und den Sicherheitsdienst (SD) in Auschwitz eingeliefert. Auch wurden einige Frauen durch das Reichssicherheitshauptamt (RSHA) und die Umwandererzentrale in Zamosc einfach aus für deutsche Kolonisten bestimmten Gebieten „umgesiedelt". Diese „Umsiedlung" bedeutete jedoch die Einweisung in das KZ Auschwitz Birkenau. Es ergibt sich folgende Übersicht:

Ankunft	Herkunft	Auschwitzer Nummernbereich	Anzahl
		17666	1
21.08.42	Sammel-transport	**17864** [17857-17874]	1
		21184	1
31.10.42	Krakau	**23359, 23368** [23359-23368]	2
04.12.42	Sammel-transport	**26492** [26466-26505]	1
13.12.42	Zamosc	**26846**, **27063** [26810-27129]	2
18.12.42	Sammel-transport	**27653** [27563-27676]	1
22.01.43	Radom	**30425**, **30499** [30416-30697]	2
24.01.43	Sammel-transport	**31241** [31227-31271]	1
28.01.43	Tarnow Krakau	**32255**, **32388**, **32433** [32089-32603]	3
		44824	1
01.10.43	Sammel-transport	**63543** [63532-63552]	1
03.10.43	Lublin	**63979** [63953-64084]	1
05.10.43	Warschau	**64603** [64360-64608]	1

21. August 1942:

> "Die Nummern 60365 bis 60406 erhalten 42 männliche Häftlinge und die Nummern 17857 bis 17874 erhalten 18 weibliche mit einem Sammeltransport eingelieferte Häftlinge."[183]

31. Oktober 1942:

> "Die Nummern 72111 bis 72144 erhalten 34 männliche und die Nummern 23359 bis 23368 erhalten zehn weibliche von der Sipo und dem SD für den Distrikt Krakau in das Lager eingewiesene Häftlinge."[184]

4. Dezember 1942:

> "Die Nummern 79989 bis 80069 erhalten 81 männliche und die Nummern 26466 bis 26505 erhalten 40 weibliche mit einem Sammeltransport eingelieferte Häftlinge."[185]

13. Dezember 1942:

> "Im KL Auschwitz ist der erste Transport des RSHA mit 314 polnischen Männern und 318 polnischen Frauen aus dem Lager der sog. Umwandererzentrale (U.W.Z.) in Zamosc eingetroffen, die im Rahmen der Aussiedlung von Polen aus der, als Siedlungsgebiet für deutsche Kolonisten, vorgesehenen Region Zamosc deportiert worden sind. Bei der Einlieferung in das Lager erhalten die Männer und Jungen die Nummern 82548 bis 82859, 83910 und 83911 und die Frauen und Mädchen die Nummern 26810 bis 27032, 27034 bis 27038 und 27040 bis 27129. Bei der Zusammenstellung waren 644 Menschen im Transport; 14 von ihnen können während des Transportes fliehen."[186]

---

[183] Danuta Czech. Kalendarium. S.284
[184] Danuta Czech. Kalendarium. S.330
[185] Danuta Czech. Kalendarium. S.350
[186] Danuta Czech. Kalendarium. S.358f.

18. Dezember 1942

> "Die Nummern 84479 bis 84694 erhalten 216 männliche und die Nummern 27563 bis 27676 erhalten 114 weibliche mit einem Sammeltransport eingelieferte Häftlinge."[187]

22. Januar 1943

> "Die Nummern 91544 bis 92212 erhalten 669 männliche und die Nummern 30416 bis 30697 erhalten 264 weibliche von der Sipo und dem SD Radom aus dem Gefängnis in Radom in das Lager eingewiesenc Häftlinge."[188]

24. Januar 1943

> "Die Nummern 31227 bis 31271 erhalten 34 mit einem Sammeltransport eingelieferte weibliche Häftlinge."[189]

28. Januar 1943

> "Die Nummern 32089 bis 32603 erhalten 515 von den Sipo und dem SD für den Distrikt Krakau aus Gefängnissen in Tarnów und Krakau in das Lager eingewiesene weibliche Häftlinge."[190]

1. Oktober 1943

> "Mit den Nummern 152680 bis 152731 werden 52 männliche und mit den Nummern 63532 bis 63552 werden 21 weibliche Häftlinge gekennzeichnet, die mit einem Sammeltransport eingeliefert worden sind."[191]

---

[187] Danuta Czech. Kalendarium. S.363
[188] Danuta Czech. Kalendarium. S.389
[189] Danuta Czech. Kalendarium. S.391
[190] Danuta Czech. Kalendarium. S.395
[191] Danuta Czech. Kalendarium. S.617

3. Oktober 1943

> Mit den Nummern 155122 bis 155863 werden 742 männliche und mit den Nummern 63953 bis 64084 werden 132 weibliche Häftlinge gekennzeichnet, die von der Sipo und dem SD Lublin ins Lager eingewiesen worden sind."[192]

5. Oktober 1943

> "Mit den Nummern 155920 bis 156724 werden 805 männliche und mit den Nummern 64360 bis 64552, 64554, 64555, 64557 bis 64566, 64569 bis 64571 und 64573 bis 64608 werden 244 weibliche Häftlinge gekennzeichnet, die von der Sipo und dem SD aus dem Warschauer Pawiak-Gefängnis ins Lager eingewiesen worden sind."[193]

3.1.2 Die Russinnen

Von den 95 Russinnen des Transportes liegen bislang keine sicheren Angaben über Auschwitzer Häftlingsnummern vor. Laut Nummernbuch handelte es sich um 42 Zivilarbeiterinnen und 53 Schutzhäftlinge. Die überlieferten Geburts- und Herkunftsorte deuten darauf hin, dass sie überwiegend aus dem heutigen Gebiet der Ukraine stammen. Zwei der Frauen wurden bereits am 17. Oktober 1943 aus dem österreichischen KZ Mauthausen nach Auschwitz weiterüberstellt. Danuta Czech notiert für diesen Tag:

> "189 aus dem KL Mauthausen überstellte weibliche Häftlinge erhalten die Nummern 65137 bis 65325. Es handelt sich um Russinnen aus Dnepropetrovsk, die nach

[192] Danuta Czech. Kalendarium. S.620
[193] Danuta Czech. Kalendarium. S.621

> wenigen Tagen Aufenthalt im KL Mauthausen in das KL Auschwitz-Birkenau verlegt worden sind."[194]

Die Krankenpflegerin Taisa Gulenko[195] und die Schneiderin Nina Tschernischowa[196] gelangen nach etwa einem Jahr Aufenthalt in Auschwitz auf den Transport nach Dresden. Soja Anisimowa dürfte außerdem die Auschwitzer Häftlingsnummer 44824 und Helena Bizulia (Bizula) die 21184 zuzuordnen sein. Letztere Russin wäre dann von polnischem Gebiet in Auschwitz eingeliefert worden. Danuta Czech vermerkt für den 30. Septem-ber 1942:

> "Die Nummern 21177 bis 21286 [sic! 21186] erhalten zehn weibliche aus Kattowitz eingelieferte Häftlinge."[197]

Soja Anisimowa dürfte aus einem Sammeltransport vom 13. Mai 1943 stammen. Danuta Czech notiert für diesen Tag:

> "Die Nummern 44813 bis 44829 erhalten 17 weibliche Häftlinge, die mit einem Sammeltransport eingeliefert worden sind."[198]

Die russischen bzw. ukrainischen Frauen, waren also ähnlich früh in Auschwitz eingeliefert worden, wie ihre polnischen Mithäftlinge. Sie rekrutierten sich aus ähnlich vielen verschiedenen Transporten und Überstellungen.

---

[194] Danuta Czech. Kalendarium. S.630f.
[195] FloNo.: 57781
[196] FloNo.: 57910
[197] Danuta Czech. Kalendarium. S.311
[198] Danuta Czech. Kalendarium. S.493

3.1.3 Die Jugoslawinnen

Über die Transportherkunft der jugoslawischen Schutzhäftlinge Josipa Fundak[199], Hayra Sabanowic[200] sowie Helena Trobec[201] und der Zivilarbeiterin Hirija Salihovic[202] liegen bislang keine Informationen und keine Auschwitzer Häftlingsnummern vor. Möglicherweise wurden sie aus kroatischen und italienischen Gefängnissen nach Auschwitz deportiert.

3.1.4 Die Italienerinnen

Die als italienische Schutzhäftlinge registrierten Rosa Perusco[203] und Angelina Tomitsch[204] könnten mit den Jugoslawinnen eine Häftlingsgruppe gebildet haben. Laut der italienischen Überlebenden-Organisation ANED (Associazione Nazionale Ex Deportati Nei Campi Nazisti) wurde die gebürtige Kroatin Roza Perusko aus Peruschi nach Auschwitz und Dresden deportiert. 1968 lebte sie unweit von ihrer Geburtsstadt im jugoslawischen Pola bzw. Pula in Kroatien. Auschwitzer Häftlingsnummern und konkrete Befreiungsdaten sind auch hier nicht überliefert.

3.1.5 Die Reichsdeutsche

Auch über die als reichsdeutscher Schutzhäftling registrierte Helene Hoffmann[205] aus Bukarest liegen bislang keine weiteren Deportationsdaten und keine Auschwitzer Häftlingsnummer vor. Weiterführende Hinweise sind erwünscht.

[199] FloNo.: 57772
[200] FloNo.: 57870
[201] FloNo.: 57906
[202] FloNo.: 57873
[203] FloNo.: 57860 (Roza Perusko)
[204] FloNo.: 57905
[205] FloNo.: 57786

3.2 Transport vom 12.02.1945

Laut Flossenbürger Nummernbuch werden am 25.02.1945 200 KZ-Häftlinge aus Bergen-Belsen nach Dresden Reick überstellt. Der Transport besteht aus 146 Jüdinnen und 54 russischen Zivilarbeiterinnen. Tatsächlich dürfte der Transport bereits am 12. Februar im Lager in der Mügelner Str. 40 eingetroffen sein.

3.2.1 Die russischen Zivilarbeiterinnen

Von den 54 aus Bergen-Belsen überstellten russischen Zilvilarbeiterinnen, konnten bislang für etwa 15 dokumentarische Hinweise auf ihre Auschwitzer Häftlingsnummer gefunden werden. Mindestens 25% dieser Häftlingsgruppe haben also vor ihrem Aufenthalt im KZ Bergen-Belsen auch das KZ Auschwitz Birkenau durchlaufen. Es ist allerdings nicht ganz unwahrscheinlich, dass dies auf die gesamte Gruppe der Russinnen zutrifft. Auch die frühen Deportations- und Einlieferungszeitpunkte ab 1942 unterscheiden sich nicht wesentlich von denen der russischen, ukrainische aber auch polnischen Frauen, die im Oktober 1944 direkt von Auschwitz nach Dresden überstellt worden waren. Zum Teil gehörten die Russinnen aus Bergen-Belsen sogar denselben Einlieferungstransporten an und dürften daher in Auschwitz in denselben Lagerbereichen untergebracht gewesen sein. Die Einweisung erfolgte oft per Sammeltransport und über polnische Gefängnisse. Wann die 54 Frauen von Auschwitz nach Bergen-Belsen transportiert wurden, ist unbekannt. Ebenso ist unsicher, ob sie tatsächlich bereits im Oktober 1944 zu einer Gruppe von 255 Frauen gehört hatten, die für das Außenlager Dresden Reick selektiert worden waren und aufgrund einer Personenbegrenzung für den Gründungstransport zunächst zurückbleiben mussten. Möglicherweise handelt es sich bei den Zahlen und der ähnlichen Transportherkunft aber auch nur um einen logistischen Zufall. Insgesamt ergibt sich folgende Transportübersicht mit den angegebene Häftlingsnummernbereichen, denen möglicherweise weitere Russinnen des Außenlagers Dresden Reick zugeordnet werden können:

Ankunft	Herkunft	Auschwitzer Nummernbereich	Anzahl
14.08.42	Sammel-transport	**16970** [16968-17068]	1
29.09.42	Kattowitz	**21113** [21112-21115]	1
02.05.43	Sammel-transport	**43747** [43725-43760]	1
26.07.43	Kattowitz	**50509** [50509-50510]	1
20.08.43	Sammel-transport	**54887** [54884 bis 54923]	1
05.09.43	Kattowitz	**58406** [58406 bis 58411]	1
08.09.43	Sipo/SD Krakau u. Tarnow	**61373** [61357 bis 61392]	1
10.09.43	Sammel-transport	**62253** [62177 bis 62256]	1
17.10.43	Dnjepro-petrowsk / Mauthausen	**65171, 65273** [65137-65325]	3
22.20.43	Sammel-transport	**65720** [65687 bis 66127]	1
01.11.43	Sammel-transport	**66556** [66555 bis 66572]	1
22.02.44	Sammel-transport	**75564** [75507 bis 75595]	1
26.02.44		**75698**	1
11.-16. April 44		**77394**	1

14. August 1942

> "Die Nummern 58578 bis 58632 erhalten 55 männliche und die Nummern 16968 bis 17068 erhalten 101 weibliche mit einem Sammeltransport eingelieferte Häftlinge."[206]

[206] Danuta Czech. Kalendarium. S.272

29. September 1942

"Die Nummern 65459 sowie 66356 bis 66366 erhalten 12 männliche und die Nummern 21112 bis 21115 erhalten vier weibliche aus Kattowitz eingelieferte Häftlinge."[207]

2. Mai 1943

"36 mit einem Sammeltransport eingelieferte weibliche Häftlinge erhalten die Nummern 43725 bis 43760."[208]

26. Juli 1943

"Die Nummern 50509 und 50510 erhalten zwei weibliche Häftlinge und die Nummer 131096 ein männlicher Häftling, die aus dem Regierungsbezirk Kattowitz eingeliefert worden sind."[209]

20. August 1943

"Die Nummern 137258 bis 137338 erhalten 81 männliche Häftlinge und die Nummern 54884 bis 54923 erhalten 40 weibliche Häftlinge, die mit einem Sammeltransport eingeliefert worden sind."[210]

5. September 1943

"Sechs aus Kattowitz eingelieferte weibliche Häftlinge erhalten die Nummern 58406 bis 58411."[211]

---

[207] Danuta Czech. Kalendarium. S.310
[208] Danuta Czech. Kalendarium. S.483
[209] Danuta Czech. Kalendarium. S.554
[210] Danuta Czech. Kalendarium. S.578f.
[211] Danuta Czech. Kalendarium. S.596

8. September 1943

> “Mit den Nummern 149037 bis 149061 werden 25 männliche und mit den Nummern 61357 bis 61392 werden 36 weibliche Häftlinge gekennzeichnet, die von der Sipo und dem SD für den Distrikt Krakau aus dem Gefängnis Tarnów ins Lager eingewiesen worden sind.”[212]

10. September 1943

> “Mit den Nummern 149378 bis 149466 werden 89 männliche und mit den Nummern 62177 bis 62256 werden 80 weibliche mit einem Sammeltransport eingelieferte Häftlinge gekennzeichnet.”[213]

17. Oktober 1943

> “189 aus dem KL Mauthausen überstellte weibliche Häftlinge erhalten die Nummern 65137 bis 65325. Es handelt sich um Russinnen aus Dnepropetrovsk, die nach wenigen Tagen Aufenthalt im KL Mauthausen in das KL Auschwitz-Birkenau verlegt worden sind.”[214]

22. Oktober 1943

> “Mit den Nummern 158666 bis 158963 werden 298 männliche und mit den Nummern 65687 bis 66127 werden 441 weibliche Häftlinge gekennzeichnet, die mit einem Sammeltransport eingeliefert worden sind.”[215]

---

[212] Danuta Czech. Kalendarium. S.601
[213] Danuta Czech. Kalendarium. S.604
[214] Danuta Czech. Kalendarium. S.630f.
[215] Danuta Czech. Kalendarium. S.635

1. November 1943

> “Mit den Nummern 159830 bis 159851 werden 22 männliche und mit den Nummern 66555 bis 66572 werden 18 weibliche Häftlinge gekennzeichnet, die mit einem Sammeltransport eingeliefert worden sind.”[216]

22. Februar 1944

> “Mit den Nummern 174269 bis 174285 werden 17 männliche und mit den Nummern 75507 bis 75595 werden 89 weibliche mit einem Sammeltransport eingelieferte Häftlinge gekennzeichnet.”[217]

3.2.2 Die ungarischen Jüdinnen

Von den 146 jüdischen Häftlingen des Transportes aus Bergen Belsen sind 135 als ungarische Jüdinnen registriert. Die Mehrheit von ihnen wurde nach Auschwitz deportiert. Sie gelangten später direkt nach Bergen-Belsen, während andere von Budapest über das KZ Dachau oder auf direktem Weg dorthin gelangten. Die 135 Frauen können also in mindestens drei verschiedene Deportationsgruppen eingeteilt werden. Frauen, die über Dachau deportiert wurden, sind mit etwa 10 Personen in der Minderzahl und sind im Rahmen der Ludwigsburger Ermittlungen zum Außenlager Reick nicht befragt worden. In Dachau waren sie am 24.11.1944 eingetroffen und hatten 131.000er und 132.000er Häftlingsnummern erhalten. Dort wurden sie nach wenigen Wochen in einen Transport eingereiht, der am 17. Dezember 1944 nach Bergen-Belsen abging. Kurz nach ihnen dürften in Bergen-Belsen weitere Budapester Jüdinnen eingetroffen sein. Lily H. gibt zu Protokoll:

[216] Danuta Czech. Kalendarium. S.643
[217] Danuta Czech. Kalendarium. S.727

„Im Dezember 1944 wurde ich von Budapest nach Bergen-Belsen deportiert – mein Transport bestand ausschließlich von jungen Personen – gesondert Männer und gesondert Frauen – ältere Personen und Kinder blieben im Ghetto und wurden später massenweise in Budapest selbst erschossen. Ich kann die Zahl der Deportierten meines Transportes nicht anführen."[218]

Große Teile der Wegstrecke wurden in Marschkolonnen zu Fuß zurückgelegt. Die Budapester Juden waren also einige Tage unterwegs und schon Anfang Dezember aufgebrochen. Rosalie Grossmann erinnert:

„Am 9. Dezember 1944 wurde ich von Budapest nach Bergen-Belsen deportiert.
Wir kamen am ersten Weihnachtstag in Bergen-Belsen an. Im Februar 1945, genauer kann ich den Zeitpunkt nicht angeben, wurde eine Gruppe von etwa 100 Frauen, akkurat verzeichnet, nach Dresden überstellt, in ein Produktivitätswerkzeug-Arbeitslager.
Dieses Lager in Dresden lieferte der Fabrik Zeiss-Ikon Arbeitskräfte.
Am Tag der Ankunft im Lager wurde erzählt, dass die bestehende Zahl der Häftlingsfrauen verringert wurde und nicht verwendet werden kann.
Unser Lager lag auf dem Werksgelände, aber ich weiß dass draußen Männer waren, außerhalb des Frauenlagers in der Fabrik. Die Frauen waren Ukrainerinnen, die Männer französische Kriegsgefangene. Das Lager bestand ausschließlich [überwiegend!] aus ungarischen Jüdinnen. [...] Meiner Gruppe wurde keine Arbeit mehr zugewiesen, weil am Tag unserer Ankunft, die alliierte Luftwaffe die Fabrikanlage zerstörte."[219]

---

[218] Aussage Lily H. BArch B 162 / 25688 S.26 – 24.07.1967
[219] Aussage Rosalie G. BArch B 162 / 25688 S.23 – 10.07.1967
Original: „1944, december 9-én deportáltak Budapeströl Bergen Belsenbe. Bergen Belsenbe Karácsony elsö napján érkeztünk. 1945 februárjában, pontosabban nem tudom az idö – pontot megjelölni, átszállítottak egy

Auch wenn u.a. Transportstärke und Datierungen durch die Zeugin nicht komplett wahrheitsgetreu und absolut präzise angegeben werden, erwiesen sich die Aussagen Grossmanns doch als sehr verlässlich.
Um den Jahreswechsel 1944/45 sollen dann auch die Frauen aus Auschwitz eingetroffen sein. Sara Nemet lässt über ihre Deportation protokollieren:

> „Im Mai 1944 wurde ich von meinem Geburtsorte [Akna Slatina] nach Birkenau deportiert. Bei der Selektion am Tage unserer Ankunft blieb ich von 9 Familienangehörigen allein am Leben. Ich arbeitete in Birkenau bis 28. Dez. 1944, dann wurde ich mit einem Transport von etwa 200 Häftlingsfrauen nach Bergen-Belsen überstellt."[220]

Malka M. hingegen wurde als ungarische Jüdin aus Kosice, der heutigen Slowakei deportiert:

> „Am 21. Mai 1944 wurde ich mit einem Transporte in Kosice im Ghetto internierter Juden nach Birkenau eingebracht. Der Transport zählte vielleicht über tausend Seelen. An der Rampe angekommen, wurden wir einer Selektion unterworfen, bei der ich und beide Eltern und zwei Geschwister kam[en]. Mein Bruder und ich haben die Katastrophe überlebt. Nach drei Monaten ohne Arbeitseinsatz im A Lager in Birkenau. Dann etwa im Juli 1944 wurde ich zur Arbeit in die Weberei, die im ehemaligen „tschechischen" Lager situiert war, einge-

---

körülbelül száz fogolynöbö l összeállított csoporttal Drezdába – egy kényszermunkatáborba. Ez a tábor a drezdai Zeiss-Ikon gyárnak szállíott munkaeröket. Megérkezésünk napján a tábor nár létezett – a meglévö fogolynö-állományának létszámát nem tudom megadni. A mi táberunk a gyárterületén volt elhelyezve, de tudom, hogy ezen kívül voltak férfi – és nötaborok gyáron kívül is. A nök ukránol – a férfiak francia hadifoglyok voltak. A tábornuk kizárólak magyarajkú zsidónkböl állott.[…] az én csoportom már nem lett munkába beosztva, mert éppen érkezésünk napján semmisítették meg a szövetségesek légieröi a gyárat."

[220] Aussage Sara N. BArch B 162 / 25688 S.24 – 23.07.1967

reiht. Dort arbeitete ich etwa bis Ende November 1944, dann etwa Ende Dezember 1944 wurde ich in einer Gruppe von etwa 150 Frauenhäftlingen nach Bergen-Belsen überstellt."[221]

Ob es sich dabei um denselben Transport handelte, den Nemet mit 200 Personen ansetzt, muss vorerst offen bleiben. Aufgrund der lückenhaften Aufklärung sind auch weitere unberücksichtigte Transporte, sowie singuläre Deportationsgeschichten denkbar.

3.2.3 Die französischen Jüdinnen

Insgesamt sind sechs Frauen in Dresden Reick als französische Jüdinnen registriert, Charlotte Zucker, die ebenfalls aus Frankreich deportiert worden war, und gebürtig aus Polen stammte, ist aber im Nummernbuch als Ungarin verzeichnet.
Am zeitigsten wurde Suzanne Kosiorowski[222] nach Auschwitz deportiert. Sie erreichte im März 1944 das Lager mit dem 69. Convoi aus Drancy. Danuta Czech notiert für den 10. März:

> « Mit dem 69. Transport des RSHA aus Frankreich sind 1501 jüdische Männer, Frauen und Kinder aus dem Lager Drancy eingetroffen. Nach der Selektion werden 110 Männer, die die Nummern 174904 bis 175013 erhalten und etwa 80 Frauen als Häftlinge ins Lager eingewiesen. Die übrigen mehr als 1300 Menschen werden in den Gaskammern getötet. »[223]

Der vergebene Nummernbereich der Frauen ist nicht vollständig bekannt. Es handelt sich aber um Nummern der 75000er ‚Serie'.
Am 23. Mai 1944 folgen Charlotte Zucker, Clotilde Toledano[224] und Marie Djian[225] ebenfalls von Drancy. Bei Czech heißt es:

---

[221] Aussage Malka M. BArch B 162 / 25688 S.42 – 31.07.1967
[222] FloNo.: 62741 ‚Kasiorowski'
[223] Danuta Czech. Kalendarium. S.737
[224] FloNo.: 62825 'Tolidano'
[225] FloNo.: 62687 'Dzijan'

« Mit dem 74. Transport des RSHA aus Frankreich sind 1200 jüdische Männer, Frauen und Kinder aus dem Lager Drancy eingetroffen. Nach der Selektion werden 221 Männer, die mit den Nummern A-5110 bis A-5330 gekennzeichnet werden, und 247 Frauen, die die Nummern A-5420 bis A-5666 erhalten, als Häftlinge ins Lager eingewiesen. Die übrigen 732 Menschen werden in den Gaskammern getötet. »[226]

Suzanne, Marie und Clotilde wurden mit Charlotte Zucker, die selbst als ungarische Jüdin registriert wurde, bei Hellendorf befreit und über Jena nach Frankreich repatriiert.[227]
Ein Verwandter Toledanos reichte versehentlich ein Gedenkblatt für Clotilde ein, obwohl sie definitiv überlebte.[228]
Die Lagerhaft nicht überstanden haben aber die ebenfalls bei Zucker erwähnten Falkenheims[229]. Sie wurden wohl erst im August 1944 über Lyon nach Auschwitz deportiert. Für die Tochter liegt der Gedenkstätte Yad Vashem ein Gedenkblatt vor. Die genauen Todesumstände und Begräbnisorte sind nicht bekannt
Den schwierigsten Fall stellt aber die laut Nummernbuch Ende März 1945 verstorbene Marie Levet, alias Céline Krangel dar, bei der es sich um die Pariserin Céline Krengel, d.h. die am 19. Juli 1891 geborene Livia Weisinger aus Guzar gehandelt haben dürfte. Erst mittels intensiver Einzelrecherchen ließ sich die wahrscheinliche Identität ermitteln. Ob sich Krengel den Namen „Marie Levet" selbst gegeben hat, um möglicherweise von ihrer eigentlichen Identität abzulenken, oder ob hier durch Schreibfehler aufeinanderfolgende Häftlingsidentitäten miteinander vermischt wurden, z.B. Céline Krengel mit einer Marie Levitte (*24.03.1893 Leutelina) aus dem 67. Convoi, kann nach momentaner Quellenlage nicht sicher beantwortet werden. Zieht man auch Namensähnlichkeiten ins Kalkül so kommen zahlreiche Personen in Betracht.[230]

---

[226] Danuta Czech. Kalendarium. S.782
[227] Charlotte Zucker LES BALCONS FLEURIS D'AUSCHWITZ. S. 274f.
[228] Vgl. Cziborra. Frauen im KZ. S.368, 380
[229] FloNo.: 62690, 62691
[230] Vgl. u.a. Marie Levy *22.01.1891 Bone, Convoi 66.

Die vielen treffenden Details zur Familiengeschichte Krengels, ohne erkennbare Recherchen Zuckers, lassen den vertrauensvollen Schluss zu, dass es sich bei dem Flossenbürger Häftling Nummer 62758 tatsächlich um Céline Krengel gehandelt haben dürfte. Krengel und Zucker haben das KZ Auschwitz mit einem Transport am 31. Dezember 1944 verlassen und seien am 2. Januar 1945 in Bergen-Belsen angekommen.[231] Im Bergen-Belsener und im Flossenbürger Gedenkbuch, sowie in den Friedhofsunterlagen des Johannisfriedhofs Tolkewitz wird das Dresdner Todesopfer derzeit noch unter dem Namen „Marie Levet“ geführt.

Céline Krengel wurde mit ihrem Mann Jakob alias Jacques mit dem Convoi 76 aus Drancy nach Auschwitz deportiert. Bei Danuta Czech heißt es über den Tag der Ankunft, den 4. Juli:

> « Aus dem 76. Transport des RSHA aus Frankreich aus dem Lager Drancy, mit dem 1100 jüdische Männer, Frauen und Kinder ankommen, werden nach der Selektion 398 Männer, die die Nummern A-16537 bis A-16934 erhalten, sowie 223 Frauen, die mit den Nummern A-8508 bis A-8730 gekennzeichnet werden, als Häftlinge ins Lager eingewiesen. Die übrigen 479 Menschen werden in den Gaskammern getötet. »[232]

Konvoi	**Ankunft**	**Auschwitzer Nummernbereich**	**Z**	**S**	**D**
69	**10.03.44**	**75000er [75891....ff.]**	**1**	**1**	**0**
74	**23.05.44**	**A-5420 bis A-5666**	**3**	**3**	**0**
76	**04.07.44**	**A-8508 bis A-8730**	**1**	**0**	**1**
78	**22.08.44**	**Lyon**	**2**	**0**	**2**

Marie Levy *08.01.1896 Strasbourg , Convoi 66
Marie Levine 22.10.1886 Puteaux, Convoi 66
Marie Levy 02.02.1898 Constantinople, Convoi 74
Marie Levy 03.09.1884 Hagenau, Convoi 69

[231] Charlotte Zucker. LES BALCONS FLEURIS D’AUSCHWITZ. S. 257f.

[232] Danute Czech. Kalendarium. S.813

3.2.4 Die italienischen Jüdinnen

Die beiden italienischen Jüdinnen Laura Cugno[233] und Lucia Turiel[234] stammen von der Mittelmeerinsel Rhodos, die damals zu Italien gehörte. Auschwitz erreichten sie am 16. August 1944 mit Zwischenstop in Haidari. Danuta Czech notiert für diesen Tag:

> „Mit einem Transport von der Insel Rhodos sind ungefähr 2500 Juden eingetroffen. Nach der Selektion werden 346 Männer, die die Nummern B-7159 bis B-7504 erhalten, und 254 Frauen, die mit den Nummern A-24215 bis A-24468 gekennzeichnet werden, als Häftlinge ins Lager eingeliefert. Die übrigen Menschen [etwa 1900 Personen], darunter 1202 Männer, werden in den Gaskammern getötet.“[235]

Laura und Lucia werden laut Zucker später in Hellendorf befreit und kehren nach Italien zurück Ihre exakten Auschwitzer Häftlingsnummern sind im Rahmen der Recherchen nicht bekannt geworden. Bei Zucker werden ihnen die fiktiven Vornamen Maria und Isabelle zugeordnet.[236] Mindestens Lucia Turiel wurde von Auschwitz zunächst am 27.10.1944 in das KZ Dachau bei München überstellt und erhielt dort die Häftlingsnummer 119911. Am 17. Dezember wurde sie mit anderen italienischen und ungarischen Jüdinnen nach Bergen-Belsen überstellt. Isabelle soll nach Heirat mit einem Belgier und einer Emigration einige Jahre später im afrikanischen Belgisch-Kongo bei Unruhen verschollen sein.[237]

Die Sängerin Maria alias Laura Cugno (Lora Hugnu) sei laut anderen Quellen 1945 infolge oder während der KZ-Haft verstorben. Dies ließ sich bislang nicht verifizieren.

---

[233] FloNo.: 62681

[234] FloNo.: 62828

[235] Danuta Czech. Kalendarium. S.851

[236] Charlotte Zucker. LES BALCONS FLEURIS D’AUSCHWITZ. S.264f.

[237] Charlotte Zucker. LES BALCONS FLEURIS D’AUSCHWITZ. S.274f.

3.2.5 Die reichsdeutschen Jüdinnen

Sicher für den Transport aus Bergen-Belsen identifiziert werden konnte die Dresdner Jüdin Ilse Paulich[238], geborene Mortkewitz. Als sie am 18. April 1903 in Dresden zur Welt kam, lebten ihre Eltern in der Scharfenberger Straße 2. Am 27.11.1921 heiratete die 18-jährige Ilse den Lithographen Max Paulich. Mit ihren Kindern Gerda [*10.03.1922], Heinz [*27.02.1924] und Hans [18.04.1926] lebte sie in der Großenhainer Straße 133.
Sie wird nach Auschwitz deportiert und gelangt von dort nach einigen Wochen nach Bergen-Belsen. Sie kehrt, wie der Zufall es will, rechtzeitig nach Dresden zur Zwangsarbeit zurück, um den Untergang der Stadt, die verheerende Bombardierung im Februar 1945 hautnah mitzuerleben. Auch dieser Angriff kann ihr nicht das Leben rauben. Dem Typhus hat ihr Körper aber im März 1945 nichts mehr entgegen zu setzen. Sie stirbt am 21. März 1945 und wird am 22. März auf dem Johannisfriedhof in Tolkewitz beigesetzt. Den Überlebenskampf hat die dreifache Mutter damit verloren. Sie hat aber ein eigenes Grab in ihrer Heimatstadt. Sie ist kein namenloses Opfer. Mehr war ihr nicht vergönnt.
Auch die zweite Deutsche im Lager starb im März 1945. Die 45- oder gar 47-jährige Sophie Lewin verstarb am 18. März und wurde am 21. März ebenfalls auf dem Johannisfriedhof in Tolkewitz beigesetzt. Bisher ließ sie sich nicht eindeutig identifizieren. Aufgrund des Alters ist es möglich, dass sie ihr Geburtsdatum ein wenig manipulierte, um als arbeitsfähig zu gelten. Es muss daher in Betracht gezogen werden, dass es sich bei der Toten um eine Berliner Jüdin handelt, die mit dem 57. Osttransport vom 06.09.1944 am 7. September Auschwitz erreichte. Die Chronistin Danuta Czech notiert für diesen Tag im Kalendarium:

> „Aus dem 57. Osttransport des RSHA aus Berlin werden 15 Juden ausgesucht, die die Nummern B-9752 bis B-9766 erhalten, sowie 15 Jüdinnen, die mit den Nummern

---

[238] FloNo.: 62778

> A-25241 bis A-25355 gekennzeichnet werden. Die übrigen Menschen, darunter 39 Männer, werden in den Gaskammern getötet.“[239]

Zwei dieser Frauen gelangen über Bergen-Belsen im Februar 1945 in das Außenlager Venusberg.[240] Es wäre also gut möglich, dass weitere Frauen aus dieser Gruppe nach Bergen-Belsen gelangten. Lewin könnte dann etwa zum gleichen Zeitpunkt anstelle des Transportes nach Venusberg-Gelenau für das Außenlager Reick selektiert worden sein. Ähnliches dürfte für die junge Berliner Jüdin Ursula Stern[241] gelten, die im Nummernbuch, wahrscheinlich versehentlich, als ungarische Jüdin verzeichnet ist. Der Vorname Ursula ist aber unter Jüdinnen, insbesondere unter Ungarinnen, zu dieser Zeit extrem ungebräuchlich. Name und Geburtsdatum verweisen dabei exakt auf eine Berliner Jüdin, die mit dem 51. Osttransport am 18.04.1944 nach Auschwitz deportiert worden ist. Am 20. April 1944 traf sie dort mit einer kleinen Gruppe Deportierter ein. Nur wenige Häftlinge werden in das Lager eingewiesen, die übrigen vergast.[242]
Auch Ursula Stern dürfte im Außenlager Dresden Reick oder auf Evakuierung ums Leben gekommen sein. Im Gedenkbuch des Bundesarchivs wird sie schon 1986 als im Lagerkomplex Flossenbürg verschollen geführt.

---

[239] Danuta Czech. Kalendarium. S.872
[240] Vgl. Pascal Cziborra. KZ Venusberg. S. 238
[241] FloNo.: 62822
[242] Vgl. Danuta Czech. Kalendarium

3.2.6 Die tschechische Jüdin

Ähnlich wie die deutschen Jüdinnen gehört auch Ida Walter[243], laut Nummernbuch am 01.03.1896 geboren, zu den älteren Häftlingen in Dresden Reick. Auch sie ist im März 1945 verstorben. Ihre genaue Identität und Herkunft ließ sich bislang allerdings nicht klären. Im Theresienstädter Gedenkbuch der Juden Böhmen und Mährens wird sie anscheinend nicht geführt. Da die Vorkriegstschechoslowakei aber auch Gebiete des heutigen Ungarns und der Ukraine umfasste, könnte sie auch gemeinsam mit den ungarischen Jüdinnen aus zu Ungarn gefallenen, vormals tschechischen Gebieten zunächst nach Auschwitz und dann nach Bergen-Belsen deportiert worden sein. Hinweise auf die Identität und Todesumstände Walterovas sind erwünscht.

---

[243] FloNo.: 62834

Teil 4: Statistik, Daten, Diagramme
Forschungsstand und Datenbasis

4.1 Fehlerhafte Literatur und falsche Daten

Dieses Standardkapitel der vorliegenden Buchreihe soll auf Fehler in der Primär- und Sekundärliteratur ausdrücklich hinweisen. Es geht dabei lediglich um die Vermeidung von Irrtümern im Sinne der Erinnerungskultur und Wissenschaft. So schrieb Ulrich Fritz in der Ort des Terrors:

> „Vorsätzliche Tötungshandlungen sind im Werk Reick nicht nachgewiesen worden, weshalb die Zentrale Stelle in Ludwigsburg ihre Ermittlungen in den 60er-Jahren einstellte.
> Allerdings belegt mindestens eine Rücküberstellungsmeldung die Ermordung einer Häftlingsfrau: Am 23. Dezember 1944 wurde eine russische „Zivilarbeiterin" nach Flossenbürg überstellt, die Meldung der Lagerschreibstube in Flossenbürg trägt den Vermerk „SB [Sonderbehandlung] 3.1.45." sowie ein Kreuz."[244]

Zu dieser Textpassage muss berichtigend gesagt werden, dass die Vorermittlungen zum Werk Reick offiziell per Abschlussbericht erst 1975 eingestellt wurden, obwohl die Akte zu diesem Zeitpunkt wohl schon eine Weile ruhte. Die Überstellung einer russischen Zivilarbeiterin aus der Belegschaft ist im Nummernbuch allerdings nicht verzeichnet. Sehr wahrscheinlich meint Fritz die Hinrichtung Luba Lisowskas[245] aus dem Goehle-Werk der Zeiss Ikon AG, denn in seinem Artikel über das Goehle-Werk im selben Band wird diese nicht erwähnt. Möglicherweise war in einer Überstellungsmeldung nur ihre Herkunft von Zeiss Ikon vermerkt. Der Todesfall wird also vom Gedenkstättenmitarbeiter dem falschen Dresdner Außenlager zugeordnet.

---

[244] Ulrich Fritz. Dresden-Reick in: Der Ort des Terrors. Bd. 4 S. 102
[245] FloNo.: 56928 – vgl. Pascal Cziborra. KZ Flossenbürg. Gedenkbuch S.55

Auch schreibt Fritz in seinem Kurzaufsatz von 19 Aufseherinnen, die laut einer Stärkemeldung Ende Januar 1945 im Außenlager Reick eingesetzt gewesen wären. In der entsprechenden Stärkemeldung ist aber für den 31. Januar 1945 eine Zahl von 13 Aufseherinnen angegeben.[246]
Auf einige Datenunsicherheiten in Gedenkbüchern wurde schon an anderer Stelle hingewisen.

4.2 Übertriebene und falsche Häftlingsaussagen

Etliche unpräzise oder fehlerhafte Aussagen verschiedener Zeitzeugen wurden bereits im Hauptteil des Buches zitiert und kommentiert. So ist nochmals an falsche Datierungen, wie die Bombardierung Dresdens vermeintlich am 11./12. Februar oder die etwa 80 Toten bei Lili H. und die mehr als 100 Typhustoten laut Charlotte Zucker zu erinnern. Die intensive Analyse von autobiografischen Häftlingsberichten hat ergeben, dass gerade Datierungen und Opferzahlen bzw. Sterblichkeitsraten in Häftlingserinnerungen höchst fehleranfällig und oftmals unpräzise oder quantitativ übertrieben sind.[247]
Aus diesem Anlass soll noch einmal ein intensiverer Blick auf die Autobiografie Charlotte Zuckers geworfen werden.

Charlotte Zuckers Autobiografie: Dichtung oder Wahrheit?

Die Autobiografie *Les Balcons Fleuris D'Auschwitz* von Charlotte Zucker schwankt hinsichtlich verschiedener Aspekte zwischen Dichtung und Wahrheit. Insbesondere einige erwähnte und geschilderte Personen scheinen zu literarischen Figuren transformiert zu werden. So lässt sich eine der detailliert beschriebenen Frauen, der Dresdner Häftling Céline Krangel nicht in den Nummernbüchern nachweisen. Liegen also eventuell Verwechslungen oder Erinnerungstäuschungen vor? Oder

---

[246] Vgl. ITS Historische Abteilung, Fossenbürg Nr. 10 Blatt 50ff.
[247] Vgl. Pascal Cziborra. KZ Autobiografien. S.80ff. & S.109ff.

versperren fehlerhafte Dokumente und Quellen den Blick auf die Wahrheit? Auch diese Frage sollte man sich als Historiker stellen. Denn insbesondere Lagerdokumente, wie die Nummernbücher, erwiesen sich durch die mehrfache Übertragung von Häftlings- und Transportlisten, sowie dem Selektionsdruck im KZ in der Vergangenheit bereits als recht fehleranfällig. Einen äußerst kniffligen Fall stellt in diesem Rekonstruktionszusammenhang die erwähnte Céline Krangel dar, die in Dresden Reick Ende März an Typhus gestorben sein soll. Zucker schreibt:

> „Sie sagte mir: "Du wirst sehen, wenn wir zurückkehren, gehen wir bei Flambaum essen..." Ihr Mann war ein sehr guter Schneider in Paris, Rue Richer denke ich, oder zumindest in der gleichen Straße wie dieses jüdische Restaurant.
> Ich denke oft an Céline. Immer intensiv an jedem Ende März. Seit 55 Jahren, ohne ein Jahr zu überspringen. Kein Zweifel, ich war nicht sanft genug, am Ende. Es ist möglich. Ich wollte auch leben. Das Lager macht grausam. Ich hatte immer das Gefühl, wenn sie zu sehr an mir klammerte, wie Efeu sich am Boden hält, komme ich nicht heraus. Um zu überleben, musste ich allein sein.
> Céline hat mir gesagt, dass ihr Sohn Georges eine junge Frau geheiratet hat und in Lyon lebte. Ein paar Jahre nach dem Krieg verbrachte ich in Paris und sehe in der rue de Turenne, einen Laden namens Krangel. Ich erklärte, dass ich Céline Krangel kannte. Er sagte: "Das ist meine Tante." Ich erzählte ihm ihre letzten Monate und ihren Tod. Er erzählte mir, dass ihr Mann nicht zurückgekehrt sei, und dass Georges von den Deutschen in Lyon, nach Entlassung, für Widerstandshandlungen erschossen worden sei.“[248]

---

[248] Charlotte Zucker. LES BALCONS FLEURIS D’AUSCHWITZ S. 266f. Original: « Elle me disait; "Tu verras, quand on va rentrer, on ira manger chez Flambaum..." Son mari était un trés bon tailleur à Paris, rue Richer je pense, ou du moins, dans la même rue ce restaurant juif.
Je pense souvent à Céline. Toujours intensément à chaque fin de mois de mars. Depuis cinquante-cinq ans, sans sauter une année. Sans doute n'ai-je

Falls sich dies alles so ereignet hat, scheint der tatsächliche Familienname aber Krengel gewesen zu sein. Den Widerstandskämpfer Georges Krengel, geboren am 20.09.1919 in Paris scheint es tatsächlich gegeben zu haben. Er heiratete am 2. September 1943 Cheila Bronstein in Cannes und wurde am 15. August 1944 ebenfalls in Cannes hingerichtet. Sein Vater war auch ein gewisser Schneider Jakob Krengel, der in Paris sein Geschäft geführt haben dürfte. Der Mädchenname der Mutter soll Livia Weisinger gewesen sein.[249] Möglicherweise nannte sich die Einwanderin in Frankreich aber Céline. Zudem wurde eine Céline Krengel *19.07.1921 Guzar (angeblich Uzbekistan) am 30.06.44 aus Drancy nach Auschwitz deportiert. Diese Céline Krengel kann aber wohl kaum die Mutter von Georges gewesen sein. Spannend an der ganzen Geschichte ist, dass die in den Nummernbüchern des KZ Flossenbürg geführte und auch unter diesem Namen bestattete Marie Levet am 19.07.1891 geboren ist. Diese Altersangabe würde sie in der Tat als die Mutter Georges Krengel und die Ehefrau Jabob Krengels qualifizieren. Insbesondere da ein Jacques Krengel geboren am 10.01.1884 Saint Flour ebenfalls mit dem Transport 76 am 30.06.1944 von Drancy nach Auschwitz deportiert worden ist. Es ist also durchaus möglich, dass bei der Jahrgangsangabe „21“ ein Schreibfehler vorliegt und eigentlich eine „91“ gemeint war, bzw. geschrieben stand. Ob Céline Krengel, geborene Livia Weisinger, also in Auschwitz oder Bergen-Belsen später bewusst den Namen „Marie Levet“ annahm, oder ob hier Zeilen- und

---

pas été assez douce à la fin. C'est possible. Moi aussi je voulais vivre. La camp rend cruel. J'ai toujours eu l'impression que si on s'attachait trop à moi, comme le lierre qui tient au sol, je ne m'en sortirais pas. Pour survivre, il me fallait être seule.

Céline m'avait raconté que son fils Georges avait épousé une jeune femme et qu'il vivait à Lyon. Quelques années aprés la guerre, je passee à Paris rue de Turenne et je vois un magasin du nom de Krangel. Je lui explique que j'ai connu Céline Krangel. Il me dit: "C'est ma tante". Je lui ai raconté ses derniers mois et sa mort. Il m'a dit que son mari n'était pas rentré et que Georges avait été fusillé par les Allemands à Lyon, lors de la libération, pour faits de résistance. » Vgl. Ebd. S.241

[249] Vgl. Gedenkstele in Canne auf der unter acht Namen auch Georges Krengel gedacht wird.

Schreibfehler in Häftlings- und Transportlisten vorlagen, ist ungeklärt.

Angesichts der insgesamt glaubwürdigen Familiengeschichte, scheint es also durchaus im Bereich des Möglichen, dass es sich bei der verstorbenen „Marie Levet“ eigentlich um Céline Krengel handelt. Ihr Neffe Michel Krengel führte tatsächlich nach dem Krieg in Paris ein Geschäft, konnte sich auf intensive Nachfrage aber nicht an Charlotte Zucker und an eine solche Begegnung in seinem Geschäft erinnern. Er hat sogar 2013 eine Autobiographie unter dem Titel „Le goût des tomates vertes“ (Der Geschmack von grünen Tomaten) veröffentlicht und hatte bis dahin keine Kenntnis von Charlotte Zuckers Buch. Über das Schicksal seiner Tante, über die Deportation von Drancy nach Auschwitz hinaus, lagen ihm nach eigenen Angaben keine Informationen vor. Die Enkelin Céline Krengels lebt in Rom.

Gedenkblätter für die verstorbene Familie liegen bei der Gedenkstätte Yad Vashem nicht vor. Das leicht abweichende Todesdatum, die Ortsverwechslung zwischen Lyon und Cannes und die alternative Schreibweise „Krangel“ deuten insgesamt eher auf authentische Erinnerungen hin. Ansonsten müsste es sich um einen recherchierten bzw. konstruierten Täuschungsfall handeln. Das ist Charlotte Zucker aber nicht zu unterstellen. Möglicherweise waren aber die Schuldgefühle in Verknüpfung mit Krengels Tod doch so groß, dass sie ihren Neffen dann in der Realität doch nicht über das Lebensende seiner Tante aufklärte. Dass dieser eine solche Begegnung und die überbrachten Informationen über die Jahre verdrängt und vergessen haben sollte, ist weniger wahrscheinlich, aber ebenfalls nicht völlig auszuschließen.

Die Freundschaft zwischen Krengel und Zucker ist jedenfalls plausibel und auch die wahrscheinlichste Quelle für das ausgeprägte Familienwissen. Wie Charlotte Zucker wäre ihre mütterliche Freundin also auch eine Immigrantin und keine gebürtige Französin gewesen.

Mit einem recht aufwendig geklärten Fall ist aber noch lange nicht die Authentizität und Richtigkeit einer ganzen Autobiografie bewiesen. Ach bezüglich anderer Personen kamen bei der Lektüre Zweifel auf. Zucker schreibt:

> „Ich hatte einen Schal. Am Tag bis zum Abend versteckte ich mein Brot in meinen Schuhen und in der Nacht nutzte ich ein Kissen. Ich schlief mit vier Französinnen und zwei Italienerinnen von Rhodos. Eine von ihnen, Maria, war sehr klein und hässlich, aber sie hatte eine schöne Stimme, wie Edith Piaf. Vor dem Krieg war sie ein Schülerin von Tito Chippa, einem großen italienischen Tenor. Sie war wie verwandelt, wenn sie sang. Die andere, Isabelle, war sehr rassig und sprach Französisch."[250]

Während die Eingangsschilderungen hier sicher authentisch das Lagerleben und die Gruppenbildung beschreiben, konnten die Aussagen über die zwei Italienerinnen von Rhodos bislang nicht bestätigt werden. Möglicherweise hat Zucker oder ihr Verleger die Vornamen aus Datenschutzgründen einfach geändert. Fest steht jedoch, dass die beiden Jüdinnen von Rhodos Laura Cugno[251] und Lucia Turiel[252] hießen. Ob eine von beiden also tatsächlich mit dem prominenten Tenor und Belcanto-Sänger Tito Chippa oder Schipa (geboren im Dezember 1888 in Lecce – gestorben 16.12.1965 in New York) zusammengearbeitet hatte, muss vorerst offen bleiben. Es ist aber durchaus möglich. Mindestens die Vornamen der italienischen Jüdinnen wurden jedoch abgeändert.

Da von Lucia Turiel auf www.nomidellashoah.it ein Nachkriegsdokument mit Foto einsehbar ist, dürfte sie wohl eher das Vorbild für die rassige „Isabelle" gewesen sein, die laut Zucker einen Belgier heiratete und nach Afrika auswanderte und

---

[250] Charlotte Zucker LES BALCONS FLEURIS D'AUSCHWITZ S. 264f. Original: « J'avais un foulard. Le jour, j'y mettais mon pain, le soir, mes chaussures et la nuit il me servait d'oreiller. Je dormais avec quatre Françaises et deux Italiennes de Rhodes. l'une d'elles, Maria, était toute petite et laide, mais elle avait une voix superbe, comme Edith Piaf. Elle avait été l'élève de Tito Chippa, un grand ténor italien d'avant-guerre. Elle était transfigurée quand elle chantait. L'autre, Isabelle, était trés racée et parlait francais.

[251] FloNo.: 62681

[252] FloNo.: 62828

schließlich in Belgisch-Kongo bei Unruhen verscholl.[253]. Laura Cugno wäre demzufolge die Sängerin Marie gewesen. Laut www.nomidellashoah.it soll sie aber 1945 während des Holocaust ums Leben gekommen sein. Diese Information muss angezweifelt werden.
Chalotte Zucker geht in ihrer Autobiografie also intensiver auf ihre sechs französischen und zwei italienischen Mithäftlinge ein, von denen sich fünf zweifelsfrei in den Flossenbürger Nummernbüchern belegen lassen und drei nur durch intensive Recherchen auf den zweiten oder dritten Blick. Auch wenn ihr letztlich keine größeren fiktinoalen Anteile in ihrer Biografie nachzuweisen sind, können einzelne Verfremdungen ihrer beschriebenen Mithäftlinge, die über die gewählten Vornamen der Italienerinnen hinausgehen, nicht ausgeschlossen werden.

[253] Charlotte Zucker. LES BALCONS FLEURIS D'AUSCHWITZ. S. 274f.

4.3 Die Häftlingszwangsgemeinschaft

D1: Altersstruktur KZ Dresden Reick nach Jahrgängen Überstellung vom ‚24.10.1944' – 200 Frauen aus Auschwitz

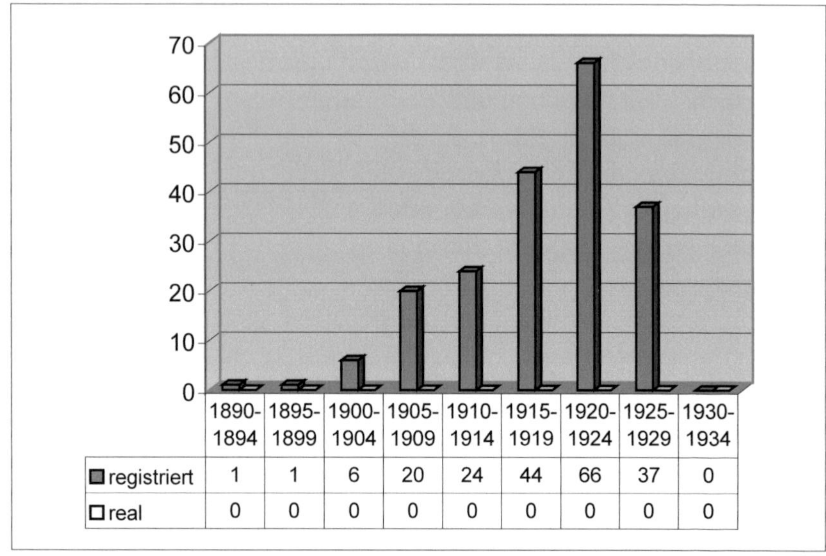

	1890-1894	1895-1899	1900-1904	1905-1909	1910-1914	1915-1919	1920-1924	1925-1929	1930-1934
registriert	1	1	6	20	24	44	66	37	0
real	0	0	0	0	0	0	0	0	0

Es liegen nicht genügend Vergleichsdaten vor. Angabe zu Stefania Kapustka fehlt.

D2: Altersstruktur KZ Dresden Reick nach Jahrgängen Transport vom ‚25.02.1945' – 200 Frauen aus Bergen-Belsen

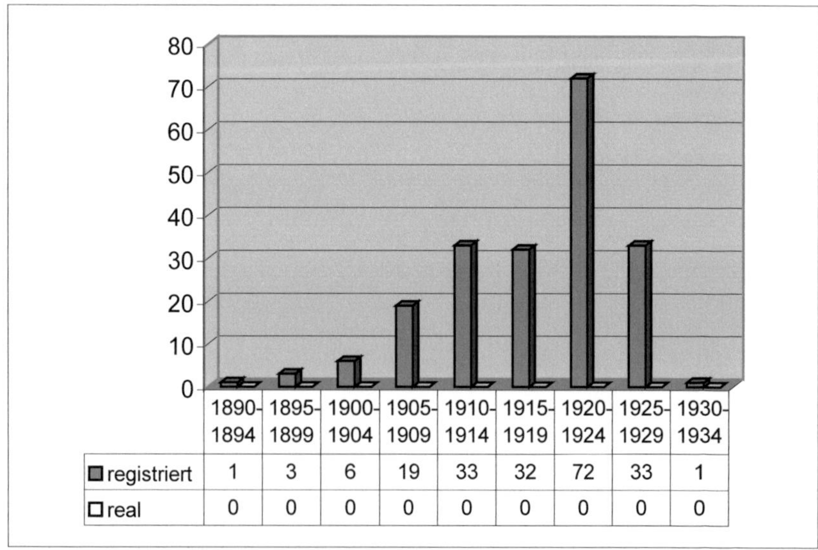

	1890-1894	1895-1899	1900-1904	1905-1909	1910-1914	1915-1919	1920-1924	1925-1929	1930-1934
registriert	1	3	6	19	33	32	72	33	1
real	0	0	0	0	0	0	0	0	0

Hinweis: Elvira Braun ist laut Friedhofsunterlagen 1903 statt 1911 (Nummernbuch) geboren.

4.4 Häftlingsliste Außenlager Dresden Reick

Transport vom „24.10.1944“ von Auschwitz

FloNo. Nation	**Name**, *Mädchenname **Vorname** [Varianten]	**Geburtsdaten Deportationsdaten**	**Opferstatus Quellennachweis**
57741 POL Z.A.	Adamiak, Helena	09.04.1927	**Schicksal ungeklärt**
57742 RUS Z.A.	Afanasjewa, Valentina	03.05.1923 Netschajnu	**Schicksal ungeklärt**
57743 POL Z.A.	Andrzejewska, Christina	19.02.1928 Wittingen	**Schicksal ungeklärt**
57744 RUS Z.A.	Anidinowa, Olga	23.09.1926 Artemosk [Artemovsk ?]	**Schicksal ungeklärt**
57745 RUS Z.A.	Anisimowa, Soja **AuNo.: 44824** [?]	21.03.1923 Woroschilej	**Geflüchtet 1945** FL: 27.02.1945 **Schicksal ungeklärt**
57746 RUS Z.A.	Apatskaja, Agafia	03.04.1917 Smolenitsch	**Schicksal ungeklärt**
57747 RUS Z.A.	Atschkasowa, Olga	10.10.1924 Wilschawst.	**Schicksal ungeklärt**
57748 POL Z.A.	Banas, Aniela	10.12.1927 Zabrnice	**Schicksal ungeklärt**
57749 RUS Z.A.	Bascharimowa, Paraskovja	07.03.1927 Isakowa Busk	**Schicksal ungeklärt**
57750 POL Z.A.	Biges, Helena	24.11.1921 Grosspewst	**Schicksal ungeklärt**
57751 RUS Z.A.	Bizulia, [Bizula] Helena **AuNo.: 21184** [?]	03.0?.1923 Minkowa	**Schicksal ungeklärt**
57752 RUS Z.A.	Beldryjew, Maria	28.12.1915 Charkow	**Schicksal ungeklärt**

57753 POL Z.A.	Budziaszek, Maria **AuNo.: 23359**	08.09.1920 Krakau [08.09.1921] Krakow	Befreit 1945 Ort unbekannt www.auschwitz.org
57754 POL Z.A.	Burska, Julia	06.01.1912 Wierzeki	**Schicksal ungeklärt**
57755 RUS Z.A.	Buzjan, Pola	17 Jahre alt Suchodal	**Schicksal ungeklärt**
57756 POL Z.A.	Budzion, Jadwiga	10.09.1912 Gajenczyca	**Schicksal ungeklärt**
57757 POL Z.A.	Cackowska, Helena	16.08.1915 Sokolka	**Geflüchtet 1945** FL: 27.02.1945 **Schicksal ungeklärt**
57758 POL Z.A.	Cempla, Sofie [Zofia] [**AuNo.: 26492**]	20.04.1895 Saybusch [Zywiec]	Befreit April 1945 bei Dresden www.auschwitz.org
57759 POL Z.A.	Chaba, Domicela	06.06.1911 Zupow	**Schicksal ungeklärt**
57760 RUS Z.A.	Charlanow, Szura	05.11.1916 Tagamrog	**Schicksal ungeklärt**
57761 RUS Z.A.	Cholodinina, Alexandra	22.06.1918 Branawtschi	**Schicksal ungeklärt**
57762 RUS Z.A.	Chemienko, Anna	25.06.1927 Stary Gorod.	**Schicksal ungeklärt**
57763 POL Z.A.	Chudzikiewicz, Wladysl. [**AuNo.: 32255**]	20.02.1925 Dynow	Befreit 1945 Ort unbekannt www.auschwitz.org
57764 POL Z.A.	Cichorska, Stanislawa [**AuNo.: 30425**]	13.10.1903 Wojkowice Komorne K. Bedzin	Befreit 1945 Ort unbekannt www.auschwitz.org
57765 POL Z.A.	Dabrowska, Helena	20.04.1916 Niesy	**Schicksal ungeklärt**
57766 POL Z.A.	Debski, [Debska] Janina **AuNo.: 17666** [?]	14.03.?4 Krakaw 14.03.1904 Krakau	**Schicksal ungeklärt** www.auschwitz.org
57767 RUS Z.A.	Denisewa, Anna	04.08.1918 Czernaja Pol.	**Schicksal ungeklärt**

57768 RUS Z.A.	Diernow, Jadwiga	02.03.1916 Nowoschuraw	**Schicksal ungeklärt**
57769 POL Z.A.	Dominiczak, Leokadia	28.11.1918 Odeberg	**Schicksal ungeklärt**
57770 RUS Z.A.	Dowgal, Johanna	1923 Glanewza	**Schicksal ungeklärt**
57771 POL Z.A.	Dudek, Winczentyna [**AuNo.: 26846**]	11.11.1917 Wielacza [‚11.11.1918']	Befreit 1945 Ort unbekannt www.auschwitz.org
57772 JUG Sch.	Fundak, Josipa	24.02.1913 Sclorac	**Schicksal ungeklärt**
57773 POL Z.A.	Gabrjel, Bronislawa	15.08.1924 Puchaczew	**Schicksal ungeklärt**
57774 POL Z.A.	Galazka, Henriette	31.12.1917 Lodz [Litzmannstadt]	**Schicksal ungeklärt**
57775 POL Z.A.	Galia, Alexandra	07.03.1914 Lodz [Litzmannstadt]	**Schicksal ungeklärt**
57776 POL Z.A.	Gicewicz, Zofia	26.08.1920 Warschaw Warschau	**Schicksal ungeklärt**
57777 POL Z.A.	Gieroba [Sieroba], Irena B: Stenotypistin **AuNo.: 63979** [?]	21.02.1922 Lublin	Befreit 1945 in Bergen Belsen nach Überstellung Ü: 23.03.1945
57778 POL Z.A.	Gieroba, Maria	16.06.1904 Kielce	**Schicksal ungeklärt**
57779 RUS Z.A.	Gluszenko, Iraida	07.01.1923 Sawastop.	**Schicksal ungeklärt**
57780 RUS Z.A.	Grekowa, Jelisabeta	07.01.1908 Witebsk	**Schicksal ungeklärt**
57781 RUS Z.A.	Gulenko, Gulenkowa Taisa **MautNo.: 35817** **AuNo.:** [65137-65325]	14.11.1917 Zlatopol Sewastopol Dnjepropetrowsk - Mauthausen 05.10.43 Auschwitz 17.10.1943	**Schicksal ungeklärt** Krankenpflegerin

57782 RUS Z.A.	Gulnicka, Ema	18.03.1926 Dnjepropetr[owsk]	**Schicksal ungeklärt**
57783 POL Z.A.	Gwozdz, Jozefa	17.09.1910 Czeladz	**Schicksal ungeklärt**
57784 POL Z.A.	Hajnrych, Antonina [**AuNo.: 27653**]	10.06.1909 Wlasna [Kamienica Polska]	Befreit 22.04.1945 Ort unbekannt www.auschwitz.org
57785 POL Z.A.	Haluschtschak, Maria	1923 Niemica	**Schicksal ungeklärt**
57786 RD Sch.	Hoffmann, Helene	06.07.1921 Bukarest	**Schicksal ungeklärt**
57787 POL Z.A.	Hriczuk, Doaczi	1911 Targowitza	**Schicksal ungeklärt**
57788 RUS Z.A.	Husijea, Palaheja [Pelagia?]	18.05.1912 Bjelowodsk	**Schicksal ungeklärt**
57789 POL Z.A.	Ignaczak, Janina	26.04.1911 Walew	**Schicksal ungeklärt** www.auschwitz.org
57790 RUS Z.A.	Iwasyk, Maria	02.04.1925 Dschulenka	**Schicksal ungeklärt**
57791 POL Z.A.	Jankowska, Kazimiera	01.10.1923 Duzy Duninow	**Enlassen 1945** **zur Stapo München** E: 15.01.1945 **Schicksal ungeklärt**
57792 RUS Z.A.	Janowskaja, Anastasia [Anastasja] **MautNo.: 35826** **AuNo.:** [65137-65325]	27.12.1915 Pereschtschop [Pereschtschepeno] Dnjepropetrowsk - Mauthausen 05.10.43 Auschwitz 17.10.1943	**Schicksal ungeklärt** Kellnerin
57793 POL Z.A.	Jaworska, Maria [AuNo.: 30499]	02.09.1907 Dzialoszyc	Befreit 1945 Ort unbekannt www.auschwitz.org
57794 RUS Z.A.	Jazewitsch, Anna	14.03.1906 Bobr	**Schicksal ungeklärt**

57795 POL Z.A.	Jezwiak, Maria	02.12.1920 Ilza	**Schicksal ungeklärt**
57796 POL Z.A.	Juchacz, Janina	07.12.1922 Posen	**Schicksal ungeklärt**
57797 RUS Z.A.	Kalnaj, Maria	04.12.1925 Storiky	**Schicksal ungeklärt**
57798 POL Z.A.	Kaminska, Helena	10.01.1913 Bukowiec	**Schicksal ungeklärt**
57799 RUS Z.A.	Kaulewa, Jewdokia	01.03.1914 Drjashna	**Schicksal ungeklärt**
57800 POL Z.A.	Kapustka, Stefania	05.11.???? Lekawice	**Schicksal ungeklärt**
57801 RUS Z.A.	Karpewitsch, Katja	1928	**Schicksal ungeklärt**
57802 POL Z.A.	Kaszuba, Stefania	26.02.1906 Kernewize	**Schicksal ungeklärt**
57803 POL Z.A.	Kendzierska, Waclawa	01.05.1922 Sereck	**Schicksal ungeklärt**
57804 POL Z.A.	Klekowska, Barbara	26.09.1921 Tschenstoch Tschenstochau	**Schicksal ungeklärt**
57805 RUS Z.A.	Klemenko, Anna	15.12.1923 N. Duboczn.	**Schicksal ungeklärt**
57806 RUS Z.A.	Klimenko, Antonina	24.02.1921 Siwasch	**Schicksal ungeklärt**
57807 POL Z.A.	Kmiecik, Helena	20.12.1902 Rzuchow	**Schicksal ungeklärt** www.auschwitz.org
57808 POL Z.A.	Kopec, Antonina	27.09.1910 Suwalky	**Schicksal ungeklärt**
57809 RUS Z.A.	Koptewa, Anna	16.07.1923 Gnesilowe	**Schicksal ungeklärt**

57810 RUS Z.A.	Koralewa, Nadja	1913 Schejka	**Schicksal ungeklärt**
57811 RUS Sch.	Koremow, Aksienia	15.01.1914 Maszenie	**Schicksal ungeklärt**
57812 RUS Z.A.	Korel, Katharina	17.04.1924 Nikolajew	**Schicksal ungeklärt**
57813 RUS Sch.	Koslowa, Helena	17.03.1925 Studenitsch	**Schicksal ungeklärt**
57814 POL Z.A.	Kostrzewa, Janina	06.03.1921 Trzchow	**Schicksal ungeklärt**
57815 RUS Sch.	Kotzuba, Anastasia	1924 Jedoschanka	**Schicksal ungeklärt**
57816 POL Sch.	Kozlowska, Wanda	18.02.1922 Ostrow Maz.	**Schicksal ungeklärt**
57817 RUS Sch.	Krajko, Olga	01.01.1924 Minsk	**Schicksal ungeklärt**
57818 POL Z.A.	Krawiec, Wanda	03.06.1921 Posen	**Schicksal ungeklärt** www.auschwitz.org
57819 Pol Sch.	Krzeminska, Genow.	07.07.1923 Komorow	**Schicksal ungeklärt**
57820 RUS Sch.	Kudrjawcewa, Lydia	22.08.1923 Poddubje	**Schicksal ungeklärt**
57821 RUS Sch.	Kudrjawcewa, Zenia	29.06.1928 Poddubje	**Schicksal ungeklärt**
57822 RUS Sch.	Kulinitschenko, Wor.	1926 Sloboda	**Schicksal ungeklärt**
57823 POL Z.A.	Kupczak, Jadwiga	19.04.1925 Zabnica	**Schicksal ungeklärt**
57824 RUS Sch.	Kuris, Olga	15.08.1924 Winnica	**Schicksal ungeklärt**

57825 RUS Sch.	Kutschewa, Walentina	04.11.1921 Uschatschi	**Schicksal ungeklärt**
57826 POL Sch.	Labedzka, Kamilla	14.07.1906 Warschau	**Schicksal ungeklärt**
57827 RUS Sch.	Lawriniuk, Natalia	14.08.1917 Dimkiewzi	**Schicksal ungeklärt**
57828 RUS Sch.	Leonowa, Lidja	02.06.1923 Nowograd W.	**Schicksal ungeklärt**
57829 POL Sch.	Lewartowska, Barbara	26.12.1923 Rzesha	**Überstellt nach Bergen Belsen** Ü: 23.03.1945 **Schicksal ungeklärt**
57830 RUS Sch.	Lisogorska, Tatiana	03.10.1923 Bjielowodsk	**Schicksal ungeklärt**
57831 RUS Sch.	Listowska, Jefrosina	1906	**Schicksal ungeklärt**
57832 RUS Sch.	Lebajewa, Larissa	17.12.1924 Mariupol	**Schicksal ungeklärt**
57833 POL Sch.	Lodziarek, Irena	24.07.1922 Zachau	**Schicksal ungeklärt**
57834 RUS Sch.	Lohynow, Wera	24.10.1922 Nikolajewka	**Schicksal ungeklärt**
57835 POL Sch.	Lepinska, Ursula	19.05.1923 Posen	**Schicksal ungeklärt**
57836 POL Z.A.	Ludikowska, Wladyslawa [**AuNo.: 63543**]	30.01.1925 [13.01.1925] Niegozwicz	Befreit 22.04.1945 Ort unbekannt www.auschwitz.org
57837 POL Z.A.	Luwek, Genowefa	03.05.1917 Cieslanki	**Geflüchtet 1945** FL: 27.02.1945 **Schicksal ungeklärt**
57838 POL Sch.	Majcher, Kazimiera	27.11.1919 Strzemieszyce	**Schicksal ungeklärt**

57839 RUS Sch.	Maljawina, Anastasia	27.11.1923 Grakowo	**Schicksal ungeklärt**
57840 RUS Sch.	Malkewitsch, Wiktoria	29.05.1919 Minsk	**Schicksal ungeklärt**
57841 RUS Sch.	Martyn, Wiera	10.05.1919 Silopulajka	**Schicksal ungeklärt**
57842 POL Sch.	Medrosiak, Michalina	10.09.1906 Krakau	**Schicksal ungeklärt**
57843 RUS Sch.	Michajlowa, Tanja	30.08.1920 Witebsk	**Schicksal ungeklärt**
57844 RUS Sch.	Michajlowskaja, Lidia	25.12.1905 Brobujsk	**Schicksal ungeklärt**
57845 RUS Sch.	Miljanzowa, Wera	1919 Ploty	**Schicksal ungeklärt**
57846 RUS Sch.	Muschenkow, Klara	18.12.1924 Wologda	**Geflüchtet 1945** FL: 27.02.1945 **Schicksal ungeklärt**
57847 RUS Z.A.	Nasarewa, Maria	03.11.1923 Szerokoje	**Schicksal ungeklärt**
57848 RUS Sch.	Nazarenko, Luba	15.11.1927 Slawgorod	**Schicksal ungeklärt**
57849 RUS Sch.	Nediljko, Tamara	28.09.1926 Charkow	**Geflüchtet 1945** FL: 27.02.1945 **Schicksal ungeklärt**
57850 POL Sch.	Niscior, Jozefa	09.02.1924 Wislowiec	**Schicksal ungeklärt**
57851 POL Sch.	Nowakowska, Weronika	20.03.1920 Wistka	**Schicksal ungeklärt**
57852 POL Sch.	Nowinowska, Kazimiera	12.08.1918 Turek	**Schicksal ungeklärt**
57853 POL Sch.	Opila, Maria	31.05.1917 Sucho Rewko	**Schicksal ungeklärt**

57854 POL Sch.	Orlik, Helena	24.12.1906 Dabrowagrube	**Schicksal ungeklärt**
57855 RUS Sch.	Osolina, Lilija	25.05.1920 Glodynki	**Schicksal ungeklärt**
57856 RUS Sch.	Owsjanikowa, Nadia	1915 Olchowatka	**Geflüchtet 1945** FL: 27.02.1945 **Schicksal ungeklärt**
57857 POL Z.A.	Panek, Stanislawa	14.10.1925 Dietzfeld	**Schicksal ungeklärt**
57858 POL Sch.	Parusel, Wanda	22.05.1925 Kuleje	**Schicksal ungeklärt**
57859 POL Sch.	Pawlicka, Irena **AuNo.: 31241** [?]	07.01.1916 Sosnowitz	**Schicksal ungeklärt** www.auschwitz.org
57860 ITA Sch.	Perusco, Rosa	08.06.1926 Perusci	**Schicksal ungeklärt**
57861 POL Sch.	Plis, Tekla	??.11.1911	**Schicksal ungeklärt**
57862 RUS Sch.	Pisna, Lida	10.03.1926 Wasiliwka	**Geflüchtet 1945** FL: 27.02.1945 **Schicksal ungeklärt**
57863 RUS Z.A.	Pljujko, Wjera	19.08.1922 Poltawa	**Schicksal ungeklärt**
57864 RUS Sch.	Poliwoda, Eugenia	23.02.1918 Klagenfurt	**Schicksal ungeklärt**
57865 RUS Z.A.	Porobaniuk, Sonja	02.02.1925 Ryshowka	**Schicksal ungeklärt**
57866 RUS Sch.	Pozniakowa, Nadja	01.05.1921 Pawlowka	**Schicksal ungeklärt**
57867 POL Z.A.	Ranczacowska, Rosalia	28.03.1925 Hoszany	**Schicksal ungeklärt**
57868 RUS Sch.	Rassitzkaja, Olga	1906 Zabolocie	**Schicksal ungeklärt**

57869 RUS Z.A.	Ratnik, Paraska	08.04.1924 Wysokie	**Schicksal ungeklärt**
57870 JUG Sch.	Sabanowic, Hayra	1927 Liwno	**Schicksal ungeklärt**
57871 POL Sch.	Sadowski, Angela	09.01.1916 Ostrowo	**Schicksal ungeklärt**
57872 RUS Sch.	Salezkaja, Anastasia	25.10.1909 Bjelo	**Schicksal ungeklärt**
57873 JUG Z.A.	Salihovic, Hjrija	25.08.1925 Bijelina B.	**Schicksal ungeklärt**
57874 RUS Sch.	Sapunowa, Lina	15.03.1924 Krasnowicze	**Schicksal ungeklärt**
57875 POL VH. Aso	Satel, Franziska	17.09.1918 Strykow	**Schicksal ungeklärt**
57876 RUS Sch.	Sekirskaja, Sonja	1918 Sabolotsche	**Schicksal ungeklärt**
57877 RUS Sch.	Senjuk, Tamara	16.10.1928 Kopul	**Schicksal ungeklärt**
57878 RUS Z.A.	Sergienko, Halja	19.02.1905 Wjunischt.	**Schicksal ungeklärt**
57879 RUS Sch.	Shycharowa, Maria	15.12.1918 Usnica	**Schicksal ungeklärt**
57880 POL Z.A.	Siwinska, Czeslawa	14.03.1921 Gory	**Schicksal ungeklärt**
57881 POL Sch.	Sluzarz, Maria	08.12.1918 Jasienica	**Schicksal ungeklärt**
57882 RUS Sch.	Slyschakowa, Stepanida	1893 Suji	**Schicksal ungeklärt**

57883 POL Sch.	Smierciak, Marija [**AuNo.: 32388**]	18.02.1921 Siekierczyna	Befreit 1945 Ort unbekannt www.auschwitz.org
57884 POL Sch.	Swider, Helena	??.12.1916 Poronin	**Schicksal ungeklärt**
57885 POL Sch.	Szafraniak, Maria	11.07.1909 Sowiny	**Schicksal ungeklärt**
57886 POL Z.A.	Szczepaniak, Genowefa	29.09.1923 Warschau	**Schicksal ungeklärt**
57887 POL Sch.	Szczublewski, Sophie	27.10.1915 Posen	**Schicksal ungeklärt**
57888 RUS Sch.	Szczurowa, Wiera	03.09.1924 Tatarka	**Schicksal ungeklärt**
57889 POL Sch.	Szewera, Feliksa [**AuNo.: 27063**]	20.11.1918 Skarbieczow	Befreit 1945 Ort unbekannt www.auschwitz.org
57890 POL Z.A.	Szmurle, IIclcna	40 Jahre	**Schicksal ungeklärt**
57891 POL Sch.	Szymanska, Czeslawa	22.09.1927	**Schicksal ungeklärt**
57892 RUS Z.A.	Scheglowa, Roza	17.07.1926 Petrakowa	**Schicksal ungeklärt**
57893 RUS Sch.	Scherschen, Nadja	1910 Krupki	**Schicksal ungeklärt**
57894 RUS Sch.	Schmatowa, Anna	1916 Kaschtuny	**Schicksal ungeklärt**
57895 RUS Sch.	Schnitko, Anna	1909 Rybaky	**Schicksal ungeklärt**
57896 RUS Sch.	Schnitko, Natalja	23.08.1913 Korsuki	**Schicksal ungeklärt**
57897 RUS Sch.	Schtscherbitsch, Manja	15.05.1911 Minsk	**Schicksal ungeklärt**

57898 RUS Z.A.	Schweiba, Vallentina	08.04.1927 Slabotka	**Schicksal ungeklärt**
57899 RUS Sch.	Stadnitschenko, Anna	30.07.1924 Totkawziwka	**Schicksal ungeklärt**
57900 POL Sch.	Stasialek, Janina	24.10.1912 Grodzisk	**Schicksal ungeklärt**
57901 RUS Sch.	Strach, Dunia	20.06.1923 Zowta krucza	**Schicksal ungeklärt**
57902 RUS Z.A.	Taran, Tatiana	25.02.1926 Lipewec	**Schicksal ungeklärt**
57903 RUS Z.A.	Timoschenko, Jefrosina	11.06.1914 Jenkie	**Schicksal ungeklärt**
57904 POL Sch.	Tomczykiewicz, Ludwiga [**AuNo.: 32433**]	09.04.1921 Lanckorona	Befreit 1945 Ort unbekannt www.auschwitz.org
57905 ITA Sch.	Tomitsch, Angelina	15.02.1915 Imotoi	**Schicksal ungeklärt**
57906 JUG Sch.	Trobec, Helena	08.04.1908 Ober-Jucheim	**Schicksal ungeklärt**
57907 RUS Sch.	Truss, Anna	1909 Uchwala	**Schicksal ungeklärt**
57908 POL Z.A.	Trzaskowska, Helena	10.04.1925 Kolne	**Schicksal ungeklärt**
57909 RUS Sch.	Tscharnyschowa, Wiera	1918 Melny	**Schicksal ungeklärt**
57910 RUS Sch.	Tschernischowa, Nina **MautNo.: 35910** **AuNo.:** [65137-65325]	20.02.1918 Pawlograd Dnjepropetrowsk - Mauthausen 05.10.43 Auschwitz 17.10.1943	**Schicksal ungeklärt** Schneiderin
57911 POL Sch.	Turecka, Aniela [**AuNo.: 23368**]	14.10.1916 Krakau	Befreit 1945 Ort unbekannt www.auschwitz.org

57912 POL Sch.	Ukleja, Czeslawa	11.09.1919 Dzieczewo	**Schicksal ungeklärt**
57913 POL Z.A.	Urbanek. Ludwika	03.07.1927 Separowo	**Schicksal ungeklärt**
57914 POL Z.A.	Urbanek, Maria	05.02.1923 Separawo	**Schicksal ungeklärt**
57915 RUS Sch.	Walasiewitsch, Jadwiga	1901 Krasnaniwa	**Schicksal ungeklärt**
57916 POL Z.A.	Walus, Maria	14.08.1923 Düsseldorf	**Schicksal ungeklärt**
57917 RUS Z.A.	Warawa, Mila	28.02.1924 Konew	**Schicksal ungeklärt**
57918 POL Sch.	Warchel, Helena	31.12.1914 Sombor	**Schicksal ungeklärt**
57919 POL Sch.	Wieczorek, Helene	1921 Scharchenwiesa	**Schicksal ungeklärt**
57920 POL Sch.	Wiorkowska, Irena	31.08.1926 Zagorze	**Schicksal ungeklärt**
57921 POL Sch.	Wirk, Stanislawa	10.10.1909	**Schicksal ungeklärt**
57922 POL Z.A.	Wisniewska, Krystyna	11.06.1921 Warschau	**Geflüchtet 1945** FL: 27.02.1945 **Schicksal ungeklärt**
57923 POL Sch.	Witkowski, Irena	01.06.1918 Trzebieszow	**Schicksal ungeklärt**
57924 RUS Sch.	Wolotschai, Maria	18.10.1920 Kiew	**Schicksal ungeklärt**
57925 RUS Sch.	Woronowa, Tamara	19.06.1922 Godorok	**Schicksal ungeklärt**
57926 POL Sch.	Wozniak, Irene	25.05.1914 Warthenau O/S	**Schicksal ungeklärt**

57927 RUS Sch.	Zabotinska, Cwena	1909 Temochwejka	**Schicksal ungeklärt**
57928 POL Z.A.	Zagrzebna, Jozefa	12.02.1912 Skrzydlow	**Schicksal ungeklärt**
57929 RUS Z.A.	Zakalata, Wiera	1916 Lotoska	**Schicksal ungeklärt**
57930 POL Sch.	Zakrzewska, Maria	06.09.1925 Tomaschow	**Schicksal ungeklärt**
57931 POL Sch.	Zamecka, Stanislawa	10.06.1913 Warschau	**Schicksal ungeklärt**
57932 POL Sch.	Ziarek, Alfreda **[AuNo.: 64603]**	13.04.1918 Lodz Litzmannstadt	**Schicksal ungeklärt**
57933 POL Z.A.	Ziemecka, Genowefa	12.01.1924 Gorny Czepow	**Schicksal ungeklärt**
57934 RUS Sch.	Zigulina, Luisa	10.10.1923 Brjansk	**Schicksal ungeklärt**
57935 POL Sch.	Zimbalak, Anna	03.12.1920 Dediew	**Schicksal ungeklärt**
57936 POL Sch.	Ziolek, Marianna	01.08.1918 Ursmierrzyce	**Schicksal ungeklärt**
57937 POL Z.A.	Zygmunt, Stanislawa	17.09.1918 Tuchan	**Schicksal ungeklärt**
57938 POL Sch.	Zytko, Genowefa	09.06.1915 Dakowice	**Schicksal ungeklärt**
57939 POL	Skiba, Irena	28.01.1909 Sosnowitz	**Schicksal ungeklärt**
57940 RUS Sch.	Slyshankowa, Alex.	1926 Zuji	**Schicksal ungeklärt**

Überstellung von Neu Rohlau 06.02.1945			
59944 RUS Z.A.	Jakowlewa, Olga [**AuNo.: 77306**]	05.12.1917 Stalingrad [von Auschwitz 23.11.1944]	**Schicksal ungeklärt**
59948 RD	Remete, Katharina	28.07.1918 [von Auschwitz 23.11.1944]	**Schicksal ungeklärt**
Transport vom "25.02.1945" aus Bergen-Belsen			
62658 HUN J.	Adler, Ibolya [Iboloya]	15.03.1927	**Schicksal ungeklärt**
62659 RUS Z.A.	Aleksejanko, Alexandra	02.02.1919	**Schicksal ungeklärt**
62660 HUN J.	Altmann, Anna	08.12.1912	**Schicksal ungeklärt**
62661 RUS Z.A.	Antschikowa, Ljuba	07.09.1927	**Schicksal ungeklärt**
62662 RUS Z.A.	Barandkowa, [Barankowa] Nadia **AuNo.: 65720** [?]	1924	**Schicksal ungeklärt** www.auschwitz.org
62663 RUS Z.A.	Barisawa, Klara	25.12.1924	**Schicksal ungeklärt**
62664 HUN J.	Bauer, Klara	22.09.1921	**Schicksal ungeklärt**
62665 HUN J.	Beck, *Roth Magda BeBeNo.:	19.06.1921 Nagykállo '21.06.1921'	Befreit 1945 SVHF 35628
62666 HUN J.	Berdach, *Haz Lenke	06.08.1918 Budapest [Budapest]	**Verstarb 1945 in Dresden** Ab: 08.04.1945 [Vermisst] V22/r/54 [15.11.1944] [,Hellendorf']

FloNo. Nation	**Name**, *Mädchenname **Vorname** [Varianten]	**Geburtsdaten** **Deportationsdaten**	**Opferstatus** **Quellennachweis**
62667 HUN J.	Beregi, *Friedmann Magdalena [Magda]	30.09.1914 Budapest [Budapest – Bergen-Belsen 03.12.1944]	**Starb am 20.03.45** **in Dresden** Ab: 03.04.1945 Bestattet: 23.03.1945 Johannesfriedhof Dresden Tolkewitz PoT /Foto
62668 HUN J.	Bergsmann, Eva	31.01.1901	**Schicksal ungeklärt**
62669 HUN J.	Blasz, Ibolya	06.12.1914	**Schicksal ungeklärt**
62670 HUN J.	Blau, Iren	04.02.1916	**Schicksal ungeklärt**
62671 HUN J.	Blau, Magda	13.08.1918	**Schicksal ungeklärt**
62672 RUS Z.A.	Bondarenko, Pawlina **AuNo.: 50509**	23.01.1925	**Schicksal ungeklärt** www.auschwitz.org
62673 RUS Z.A.	Bawschik, Maria	1923	**Schicksal ungeklärt**
62674 HUN J.	Böhm, Iren	15.07.1919	**Schicksal ungeklärt**
62675 HUN J.	Braun, Elvira	05.08.1903 ‚05.08.1911'	**Starb am 20.03.45** **in Dresden** Ab: 03.04.1945 Bestattet: 22.03.1945 Johannesfriedhof Dresden Tolkewitz
62676 HUN J.	Braun, Hildegard	17.01.1919	**Starb am 22.03.45** **in Dresden** Ab: ohne Abmeldung Bestattet: 22.03.1945 Johannesfriedhof Dresden Tolkewitz

62677 HUN J.	Breier, *Bleier Margit [‚Brauer'] [Breuer, Szerena Margit]	11.10.1900 Aszod [Aszod – Auschwitz 15.06.1944?]	**Verstarb 1945** **Ort unbekannt** Todeserklärung ‚15.06.1944' ‚15.07.1944' [Missing][Vermisst]
62678 HUN J.	Bruck, Agnes	11.03.1906 [Kisber]	**Verstarb 1945** **Ort unbekannt** ‚Bergen Belsen' PoT vom Bruder Yosef Bruk 10.04.56
62679 HUN J.	Burger, Magda	17.08.1912	**Schicksal ungeklärt**
62680 RUS Z.A.	Chachlowa, Lydija	03.03.1925	**Schicksal ungeklärt**
62681 ITA J.	Cugno, [Hugnu] Laura [Lora] **AuNo.:** [A-24215 – A-24468] BeBeNo.:	20.08.1920 Rhodos Rhodos – Auschwitz 23.07.44 - 16.08.1944	Befreit am 08.05.45 in Hellendorf ‚Verstarb 1945' laut www.nomidellashoah.it Vgl. Charlotte Zucker!
62682 HUN J.	Dekany, Ilona [DaNo.: 132152]	08.11.1901 Budapest Budapest – Dachau 24.11.1944	**Verstarb 1945** **in Dresden** Ab: 05.03.1945
62683 HUN J.	Deutsch, Sari	21.03.1909	**Schicksal ungeklärt**
62684 RUS Z.A.	Digalowa, Galina MautNo.: 35797 **AuNo.:** [65137-65325] BeBeNo.:	11.11.1924 [05.11.1924] Kaminskoe Mauthausen- Auschwitz 17.10.1943	**Schicksal ungeklärt** Chem. Laborantin
62685 RUS Z.A.	Dokuka, Jelizata	16.02.1922	**Schicksal ungeklärt**
62686 HUN J.	Dub, Jolan	27.09.1917	**Schicksal ungeklärt**
62687 FRA J.	Djian 'Dzijan' *Ouahnono, Marie [>Legrand] **AuNo.:**[A-5420 - A-5666] BeBeNo.:	14.09.1913 Oran '14.08.1914' [Drancy 74]	Befreit 08.05.1945 bei Hellendorf [Dresden] SVHF 22771

62688 HUN J.	Eichler, Edit	05.03.1920	**Starb am 30.03.45** **in Dresden** Ab: ohne Abmeldung Bestattet: 31.03.1945 Johannesfriedhof Dresden Tolkewitz
62689 HUN J.	Engel, Klara	30.05.1923	**Schicksal ungeklärt**
62690 FRA J.	Falkenheim, *Leiserowitz Clara [Klara] F: Mutter von 62691 **AuNo.:** BeBeNo.:	10.10.1903 Alexandrow [10.10.1907] Köln	**Verstarb 1945** **Ort unbekannt** Gedenkbuch Bundesarchiv Vermisst Vgl.Charlotte Zucker
62691 FRA J.	Falkenheim, Jeanette F: Tochter von 62690 **AuNo.:** BeBeNo.:	‚03.03.1927' Frankfurt [30.03.1927] [a.M.] Köln Lyon - Auschwitz [Lyon 78] [22.08.44]	**Verstarb 1945** **Ort unbekannt** Gedenkbuch Bundesarchiv Vermisst, PoT Vgl.Charlotte Zucker
62692 HUN J.	Farkas, Frieda	22.12.1908	**Schicksal ungeklärt**
62693 HUN J.	Farkas, Sara	10.05.1920	**Schicksal ungeklärt**
62694 HUN J.	Feher, ‚Femer' Lili	19.11.1906	**Verstarb 1945** **in Dresden** Ab: 21.03.1945
62695 HUN J.	Fenyves, Eva	03.07.1926	**Schicksal ungeklärt**
62696 RUS Z.A.	Figun, Jewgenia	28.12.1927	**Schicksal ungeklärt**
62697 HUN J.	Folmand, Sari	07.09.1907	**Schicksal ungeklärt**
62698 HUN J.	Friedmann, Margit	24.03.1918	**Schicksal ungeklärt**
62699 HUN J.	Fuchs, Magda	07.05.1925	**Schicksal ungeklärt**

62700 HUN J.	Gelb, Erzsebet	05.03.1908	**Schicksal ungeklärt**
62701 HUN J.	Gelbmann, Sara	18.09.1924	**Schicksal ungeklärt**
62702 HUN J.	Glück, Adel [DaNo.: 132128]	27.10.1926 Budapest Budapest – Dachau 24.11.1944	**Schicksal ungeklärt**
62703 HUN J.	Glück, Alice	16.02.1921 [Ujpest?]	**Verstarb 1945** **in Dresden** Ab: 08.04.1945
62704 HUN J.	Glück, Aranka	03.03.1921	**Schicksal ungeklärt**
62705 HUN J.	Glück, Ibolya	14.11.1924	**Schicksal ungeklärt**
62706 HUN J.	Glück, Ilona	10.11.1911	**Verstarb 1945** **in Dresden** Ab: 08.04.1945
62707 HUN J.	Glück, Laura [DaNo.: 132127]	08.02.1923 Budapest Budapest – Dachau 24.11.1944	**Schicksal ungeklärt**
62708 HUN J.	Glück, Valeria	01.07.1925	**Schicksal ungeklärt**
62709 HUN J.	Goldstein, Maria	12.03.1914	**Schicksal ungeklärt**
62710 RUS Z.A.	Gonczarug, Aniel	20.06.1922	**Schicksal ungeklärt**
62711 RUS Z.A.	Gorvenko, [Gorbenko] Klara MautNo.: 35809 **AuNo.: 65171** BeBeNo.:	02.02.1925 Ranitschowka Mauthausen- Auschwitz 17.10.1943	**Schicksal ungeklärt** www.auschwitz.org Dolmetscherin
62712 HUN J.	Gottesmann, Rozsi	25.02.1904	**Schicksal ungeklärt**
62713 HUN J.	Grosz, [Gross] Livia [Lili]	14.04.1915	**Starb am 17.10.45** **in Bad Gottleuba**

FloNo. Nation	**Name**, *Mädchenname **Vorname** [Varianten]	**Geburtsdaten** **Deportationsdaten**	**Opferstatus** **Quellennachweis**
62714 HUN J.	Grünstein, [‚Grundstein' Rozsi [Rosa]	02.11.1911	**Starb am 23.08.45** **in Bad Gottleuba** PoT
62715 RUS Z.A.	Haljavka, Katia	10.06.1921	**Schicksal ungeklärt**
62716 HUN J.	Halmos, Dora [DaNo.: 132778]	27.10.1916 Budapest Budapest – Dachau 24.11.1944	**Schicksal ungeklärt**
62717 HUN J.	Halmos, Sandorne [Hanny] [DaNo.: 132147]	11.06.1907 Budapest Budapest – Dachau 24.11.1944	**Schicksal ungeklärt**
62718 HUN J.	Hamburger, Erzsebet	12.08.1907	**Schicksal ungeklärt**
62719 HUN J.	Hamburger, Sarolta	10.08.1916	**Schicksal ungeklärt**
62720 HUN J.	Hay, *Foldes Anna [DaNo.: 131847]	29.11.1923 Baja [Budapest] Budapest – Dachau 24.11.1944	**Starb am 26.03.45** **in Dresden** Ab: 31.03.1945 Bestattet: 28.03.1945 Johannesfriedhof Dresden Tolkewitz [‚15.02.1945 Bergen Belsen']
62721 HUN J.	Held, Hedwig	01.07.1920 Budapest [‚01.06.1920']	Befreit 1945 Ort unbekannt Vgl. B 162/25688 S. 97 [Schweden]
62722 HUN J.	Heltai, Jolan	18.10.1905	**Starb 1945** **in Dresden** Ab:05.03.1945
62723 HUN J.	Herskovits, Elisabeth	08.03.1919	**Schicksal ungeklärt**
62724 RUS Z.A.	Iwanowa, Alexandra [Aleksandra] **AuNo.: 54887** [?]	28.03.1923	**Schicksal ungeklärt** www.auschwitz.org
62725 RUS Z.A.	Iwanowa, Maria **AuNo.: 75698** [?]	01.04.1923	**Schicksal ungeklärt** www.auschwitz.org

62726 RUS Z.A.	Jewdokinowa, Jewdokimowa Jelisabieta [Elisabeth] **AuNo.: 43747**	13.05.1924	**Schicksal ungeklärt** www.auschwitz.org
62727 RUS Z.A.	Jujukina, Marija	03.11.1925	**Schicksal ungeklärt**
62728 HUN J.	Imrei, Blanka	30.11.1916	**Schicksal ungeklärt**
62729 HUN J.	Kallos, Kato	21.06.1920	**Starb 1945 in Dresden** Ab: 31.03.1945
62730 HUN J.	Kalmar, Erzebet	14.03.1913	**Starb 1945 in Dresden** Ab: 21.03.1945
62731 HUN J.	Kalmar, Olga	24.06.1910 Budapest	**Starb am 25.03.45 in Dresden** Ab: 31.03.1945 Bestattet: 26.03.1945 Johannesfriedhof Dresden Tolkewitz
62732 HUN J.	Karpat, Eva	15.01.1922	**Starb am 26.03.45 in Dresden** Ab: 31.03.1945 Bestattet: 26.03.1945 Johannesfriedhof Dresden Tolkewitz
62733 HUN J.	Katz, Helen	29.03.1920	**Schicksal ungeklärt**
62734 HUN J.	Katz, Dzeren [Szeren ?]	08.11.1918	**Schicksal ungeklärt**
62735 HUN J.	Kaufmann, Sari	31.07.1913	**Schicksal ungeklärt**
62736 RUS Z.A.	Keledionek, Olga	1921	**Starb am 20.03.45 in Dresden** Ab: 03.04.1945 Bestattet: 22.03.1945 Johannesfriedhof Dresden Tolkewitz

62737 RUS Z.A.	Kirienko, Katija	1921	**Schicksal ungeklärt**
62738 RUS Z.A.	Komlicenko, Alexandra	1918	**Schicksal ungeklärt**
62739 RUS Z.A.	Kondretjuk, Branka	1899	**Schicksal ungeklärt**
62740 RUS Z.A.	Kordjuk, Anna	1924	**Schicksal ungeklärt**
62741 FRA J.	Kosiorowski [,Kasiorowski'] Suzanne **AuNo.:**	01.10.1923 Warschau [Drancy 69]	Befreit 08.05.1945 bei Hellendorf Vgl. Zucker S.274
62742 RUS Z.A.	Kowalenko, Maria	12.11.1926	**Schicksal ungeklärt**
62743 HUN J.	Kramer, Matilde	05.05.1921 05.03.1921	**Schicksal ungeklärt**
62744 HUN J.	Kramer, Szidonia	17.11.1918	**Schicksal ungeklärt**
62745 RUS Z.A.	Kupriewicz, Nina	13.01.1924	**Schicksal ungeklärt**
62746 RUS Z.A.	Kurylo, Basia	11.11.1923 11.11.1925	**Schicksal ungeklärt**
62747 RUS Z.A.	Kuschnirenko, Maria	14.05.1914	**Schicksal ungeklärt**
62748 RUS Z.A.	Kuznjecowa, Ina	11.03.1923	**Schicksal ungeklärt**
62749 HUN J.	Künstler, Sari	06.07.1922	**Schicksal ungeklärt**
62750 HUN J.	Landesman, Iza	03.08.1928	**Schicksal ungeklärt**
62751 HUN J.	Lang, Szeren	16.06.1911	**Schicksal ungeklärt**

62752 RUS Z.A.	Lankewicz, Natalja	1920	**Schicksal ungeklärt**
62753 HUN J.	Lax, Ilona	16.08.1911	**Schicksal ungeklärt**
62754 RUS Z.A.	Lazarenko, Tekla **AuNo.: 62253** [?]	02.08.1925	**Schicksal ungeklärt** www.auschwitz.org
62755 HUN J.	Leichner, Ida [DaNo.: 104081]	03.03.1923	**Schicksal ungeklärt**
62756 HUN J.	Leihter, Magda	04.03.1918	**Schicksal ungeklärt**
62757 HUN J.	Lengyel, Edith [DaNo.: 131678] BeBeNo.:	25.03.1922 Budapest Budapest – Dachau 24.11.1944	**Starb am 06.04.45 in Dresden** Ab: ohne Abmeldung Bestattet: 07.04.1945 Johannesfriedhof Dresden Tolkewitz
62758 FRA J.	Levet, Marie [Maria] Alias: Krengel [‚Krangel'], Céline, *Livia Weisinger **AuNo.:**[A-8508 - A-8730] BeBeNo.:	19.07.1891 [Drancy 76: 30.06.44] [‚19.07.1921' Guzar]	**Starb am 25.03.45 in Dresden** Ab: 31.03.1945 Bestattet: 26.03.1945 Johannesfriedhof Dresden Tolkewitz Vgl.Charlotte Zucker
62759 RD J.	Lewin, [Levin] Sophie [*Neustadt?]	22.05.1899 [Kobylin?] 25.05.1897 [?] [57. Osttransport von Berlin nach Auschwitz 06.09.1944] [vermisst]	**Starb am 18.03.45 in Dresden** **Identität ungeklärt** Ab: 21.03.1945 Bestattet: 20.03.1945 Johannisfriedhof Dresden Tolkewitz
62760 HUN J.	Lukács, Elisabeth [Erzsebet]	06.02.1913	**Schicksal ungeklärt** Vgl. SVHF 50648
62761 RUS Z.A.	Maksimowa, [Vgl. Mazimowa ?] Anna **AuNo.: 16970** [?]	25.05.1918 [18.05.1918 ?]	**Schicksal ungeklärt** www.auschwitz.org
62762 HUN J.	Mandl, Györgyi	08.02.1926	**Schicksal ungeklärt**

62763 HUN J.	Mandl, Magda	14.01.1912	**Schicksal ungeklärt**
62764 HUN J.	Markowits, Ilona	18.09.1911	**Schicksal ungeklärt**
62765 HUN J.	Mendel, Maria	24.01.1916 [Budapest]	**Starb am 25.03.45 in Dresden** Ab: 31.03.1945 Bestattet: 26.03.1945 Johannesfriedhof Dresden Tolkewitz
62766 RUS Z.A.	Menjicenko, [Vgl. Mohniczenko] Nadia **AuNo.: 21113** [?]	25.10.1925 [1922 ?]	**Schicksal ungeklärt** www.auschwitz.org
62767 HUN J.	Mermelstein Edith	16.03.1924	**Starb 1945 in Dresden** Ab: 21.03.1945
62768 HUN J.	Metz, *Eisner Julianna [Julianne]	14.05.1910 Budapest	Befreit 1945 Ort unbekannt Vgl. B 162/25688 S. 97
62769 RUS Z.A.	Micheilczuk, Rafaela	03.12.1918	**Schicksal ungeklärt**
62770 HUN J.	Mittelmann, Margit [>Malka Margarete Markowits]	10.10.1924 Satoralianyheli	Befreit 1945 Ort unbekannt B 162/25688 S. 42f. VP 31.07.1967
62771 HUN J.	Molnar, *Eisner Franciska	01.06.1915 Budapest [‚01.07.1915']	Befreit 1945 Ort unbekannt Vgl. B 162/25688 S. 97
62772 HUN J.	Müller, Alice	11.03.1923	**Schicksal ungeklärt**
62773 RUS Z.A.	Nadjeschdina, Natalia	1921	**Schicksal ungeklärt**
62774 RUS Z.A.	Nemerska, Nadja	1923	**Schicksal ungeklärt**
62775 RUS Z.A.	Ostapowa, Aleksandra	11.11.1925	**Schicksal ungeklärt**

62776 HUN J.	Ösztreicher, Julia	28.11.1914	**Schicksal ungeklärt** möglicherweise verstorben
62777 HUN J.	Öszterreicher, [Österreich] Magda	30.10.1927	**Starb am 11.06.45 in Bad Gottleuba**
62778 RD J.	Paulich, *Mortkewitz Ilse AuNo.:	18.04.1903 Dresden [10.08.1944 Arrest Oktober 1944 nach Auschwitz deportiert]	**Starb am 21.03.45 in Dresden** Ab: ohne Abmeldung Bestattet: 22.03.1945 Johannesfriedhof Dresden Tolkewitz, Buch der Erinnerung
62779 HUN J.	Perl, Frieda [Frida] [DaNo.: 132375]	06.01.1906 Budapest Budapest – Dachau 24.11.1944	**Starb am 27.03.45 in Dresden** Ab: ohne Abmeldung Bestattet: 28.03.1945 Johannesfriedhof Dresden Tolkewitz
62780 HUN J.	Pinkowski, Margit	16.05.1910	**Schicksal ungeklärt**
62781 HUN J.	Pinter, Eszter [Esther]	19.04.1921	**Starb am 28.05.45 in Bad Gottleuba** nach der Befreiung
62782 RUS Z.A.	Pivtorak, Lydia	31.12.1924	**Schicksal ungeklärt**
62783 RUS Z.A.	Plachuta, Anna	1926	**Schicksal ungeklärt**
62784 RUS Z.A.	Ponomarenko, Maria	06.06.1923	**Schicksal ungeklärt**
62785 HUN J.	Quittner, *Borgos Rozalia [>Rosalie Grossmann] BeBeNo.:	30.05.1905 Miskolc [Budapest – Bergen Belsen 09.12.44.-25.12.44]	Befreit 1945 Ort unbekannt B 162/25688 S. 23 VP 10.07.1967
62786 HUN J.	Rabinek, Edith	30.05.1930 Csaprendek	Befreit 1945 Ort unbekannt Vgl. B 162/25688 S. 97
62787 HUN J.	Rabinek, Piroska	01.04.1909	**Schicksal ungeklärt**

62788 RUS Z.A.	Ratschinko, Lydia	08.05.1927	**Schicksal ungeklärt**
62789 HUN J.	Rechnitzer, Viktoria	11.03.1915	**Schicksal ungeklärt**
62790 HUN J.	Reisman, Alice	10.06.1923	**Schicksal ungeklärt**
62791 HUN J.	Reisman, Magda	18.05.1927	**Starb am 24.07.45** **in Bad Gottleuba** Bestattet: PoT vom Cousin Moshe Elek [?]
62792 HUN J.	Retek, *Deutsch Margit [> Margarethe Retek]	11.11.1908 Budapest	Befreit 1945 Ort unbekannt Vgl. B 162/25688 S. 97
62793 RUS Z.A.	Rjasancowa, [Krasnikowa] Nina **AuNo.: 58406** [?]	1927	**Schicksal ungeklärt** www.auschwitz.org
62794 HUN J.	Rona, Edith	25.12.1915	**Schicksal ungeklärt**
62795 HUN J.	Rosenberg, Bella	24.04.1911	**Starb 1945** **in Dresden** Ab: 21.03.1945
62796 HUN J.	Rosenthal, Eva	06.04.1925	**Schicksal ungeklärt**
62797 HUN J.	Rothauser, Ilona	22.07.1922	**Schicksal ungeklärt** möglicherweise verstorben 9325980
62798 HUN J.	Rotkel, Lenke	06.08.1911	**Schicksal ungeklärt**
62799 HUN J.	Rottenstein, Vera	06.08.1920	**Starb 1945** **in Dresden** Ab: 21.03.1945
62800 HUN J.	Sachs, Margit	20.12.1923	**Schicksal ungeklärt**
62801 RUS Z.A.	Saczenko,[Sawczenko] Anna **AuNo.: 75564** [?]	06.02.1924	**Schicksal ungeklärt** www.auschwitz.org

FloNo. Nation	**Name**, *Mädchenname **Vorname** [Varianten]	**Geburtsdaten Deportationsdaten**	**Opferstatus Quellennachweis**
62802 HUN J.	Sas, Lili [> Lili Hitter]	08.04.1922 Targu-Mures	Befreit 1945 in der Region b. Hellendorf B 162/25688 S. 26f. VP 24.07.1967
62803 HUN J.	Sichermann, Magdalena	22.08.1914	**Schicksal ungeklärt** möglicherweise verstorben
62804 HUN J.	Siklos, Eva	05.08.1920 [Budapest]	**Starb am 23.03.45 in Dresden** Ab: 31.03.1945 Bestattet: 26.03.1945 Johannisfriedhof Dresden Tolkewitz
62805 HUN J.	Siklos, Iren	05.08.1920 Wien	**Starb am 17.03.45 in Dresden** Ab: 21.03.1945 Bestattet: 20.03.1945 Johannisfriedhof Dresden Tolkewitz
62806 RUS Z.A.	Sobolewa, [Sobolewska] Olga **AuNo.: 77394** [?]	17.08.1919	**Schicksal ungeklärt** www.auschwitz.org
62807 RUS Z.A.	Sotnik, Marja **AuNo.: 66556** [?]	02.02.1922	**Schicksal ungeklärt** www.auschwitz.org
62808 HUN J.	Spitzmann, Lilly	01.08.1919	**Schicksal ungeklärt**
62809 RUS Z.A.	Swirska, Maria	01.03.1926	**Schicksal ungeklärt**
62810 HUN J.	Szomogyi, Veronka	21.07.1925	**Schicksal ungeklärt**
62811 HUN J.	Schneller, Ilona	24.03.1909	**Schicksal ungeklärt** möglicherweise verstorben
62812 HUN J.	Schreiber, Livia	11.01.1928	**Schicksal ungeklärt** möglicherweise verstorben

62813 HUN J.	Schultz, *Mauthner Livia [Lili] [Verheiratet mit Dr. Geza Schultz] [Todeserklärung]	26.06.1912 Budapest [Budapest]	**Starb am 05.04.45 in Dresden** Ab: ohne Abmeldung Bestattet: 07.04.1945 Johannesfriedhof Dresden Tolkewitz
62814 HUN J.	Schwarz, Ilona	19.07.1919	**Schicksal ungeklärt**
62815 HUN J.	Schwarcz, Rozsi	21.08.1919	**Schicksal ungeklärt**
62816 HUN J.	Schwartz, Erzsebet	30.05.1920	**Schicksal ungeklärt**
62817 HUN J.	Schwarcz, Iren	30.01.1914	**Schicksal ungeklärt**
62818 HUN J.	Schwarcz, Matilda	29.03.1914	**Schicksal ungeklärt**
62819 HUN J.	Schybemeder, Rose	12.09.1906	**Schicksal ungeklärt**
62820 RUS Z.A.	Stepanova, Jewgenia	1926	**Schicksal ungeklärt**
62821 RUS Z.A.	Stepanova, Tatjana	25.01.1907	**Schicksal ungeklärt**
62822 ‚HUN' [RD] J.	Stern, Ursula **AuNo.:**	14.01.1924 Berlin - Auschwitz 51. Osttransport 18.04.44-20.04.1944	**Umgekommen im KZ Flossenbürg,** Gedenkbuch Berlins [vermisst]
62823 HUN J.	Stuhl, Frieda [Frida] [DaNo.: 132448]	14.09.1914 Budapest Budapest – Dachau 24.11.1944	**Schicksal ungeklärt**
62824 RUS Z.A.	Tesla, Anna **AuNo.:41237** / '41837'	12.02.1921	**Schicksal ungeklärt** www.auschwitz.org
62825 FRA J.	Toledano [Tolidano], Clotilde [> Rousseau] **AuNo.:**[A-5420 - A-5666]	29.08.1924 Paris [Drancy 74]	Befreit 1945 in der Region b. Hellendorf Vgl. Zucker S.274 Frauen im KZ S.368

62826 HUN J.	Törzs, Rozsa	01.12.1921	**Schicksal ungeklärt**
62827 RUS Z.A.	Trofimenko, Alexandra	21.12.1923	**Schicksal ungeklärt**
62828 ITA J.	Turiel, Lucia **AuNo.:** [A-24215 – A-24468] [DaNo.: 119911] BeBeNo.:	14.06.1923 Rhodos Rhodos – Auschwitz 23.07.44 - 16.08.1944 Dachau: 27.10.1944 Bergen-Belsen: 17.12.1944	Befreit 1945 in der Region b. Hellendorf www.nomidellashoah.it Foto Vgl. Charlotte Zucker S.264f, 275f.
62829 HUN J.	Vajdy, [Voidy] Livia	21.12.1912 Eger	**Starb im April 1945 in Dresden** Ab: ohne Abmeldung Bestattet: 14.04.1945 Johannesfriedhof Dresden Tolkewitz
62830 HUN J.	Vermesne, Magda	02.02.1911	**Schicksal ungeklärt**
62831 HUN J.	Viesel, Etel	04.03.1910	**Schicksal ungeklärt**
62832 HUN J.	Vincze, Lili	23.04.1908	**Schicksal ungeklärt** Vgl. SVHF 47774
62833 HUN J.	Vincze, Magda BeBeNo.:	16.01.1926 Budapest	Befreit bei Pirna SVHF 47774
62834 CZE J.	Walter, [Walterova] Ida	01.03.1896	**Verstarb 1945 in Dresden** Ab: 05.03.1945 Bestattet: unbekannt
62835 HUN J.	Walter, *Rothman Ilona	30.03.1907 Budapest	**Verstarb 1945** Ort unbekannt PoT der Tochter Dvora Peleg 16.08.1976
62836 RUS Z.A.	Warawa, Maria	29.02.1923	**Schicksal ungeklärt**
62837 HUN J.	Wächter, Magda	24.09.1907	**Schicksal ungeklärt**

62838 HUN J.	Weiss, Suzanne	06.03.1921	**Schicksal ungeklärt**
62839 HUN J.	Weisz, Erzsebet	17.12.1916	**Schicksal ungeklärt**
62840 HUN J.	Weisz, Ilona	10.12.1923	**Schicksal ungeklärt**
62841 HUN J.	Weisz, Iren [Rakhel] ‚Iten'	06.08.1918 1919 Satoraljaujhely [Budapest]	**Verstorben 1945 in Hellendorf** [Helndorf neben Dresden] PoT der Schwester Khaia Braun 23.01.1956
62842 HUN J.	Weisz, Lija	01.01.1926	**Schicksal ungeklärt**
62843 HUN J.	Weisz, [Weiß] Maria	03.10.1927	**Starb am 30.03.45 in Dresden** Ab: ohne Abmeldung Bestattet: 31.03.1945 Johannesfriedhof Dresden Tolkewitz
62844 HUN J.	Weisz, Piri	25.11.1918	**Schicksal ungeklärt**
62845 HUN J.	Weisz, Rozsi	12.02.1919	**Schicksal ungeklärt**
62846 HUN J.	Wertheimer, Klara	15.07.1917	**Schicksal ungeklärt**
62847 HUN J.	Wetzker, Katalin	11.02.1921	**Schicksal ungeklärt**
62848 HUN J.	Wiener, Agnes	07.11.1928	**Schicksal ungeklärt**
62849 HUN J.	Wintergrün, Rozsi	07.09.1924	**Schicksal ungeklärt**
62850 RUS Z.A.	Witschukowa, Irena	07.03.1920	**Schicksal ungeklärt**

FloNo. Nation	**Name**, *Mädchenname **Vorname** [Varianten]	**Geburtsdaten Deportationsdaten**	**Opferstatus Quellennachweis**
62851 RUS Z.A.	Wodotska Melania	12.03.1924	**Schicksal ungeklärt**
62852 HUN J.	Wolk, Klara	12.08.1913	**Schicksal ungeklärt**
62853 RUS Z.A.	Wowk, Alexandra **AuNo.: 61373** [?]	12.12.1924	**Schicksal ungeklärt** www.auschwitz.org
62854 RUS Z.A.	Wowtschenko, Jedewkaja	12.03.1924	**Schicksal ungeklärt**
62855 RUS Z.A.	Zajcewa, [Zajcowa] [Saitzowa] Vera [Wiera] MautNo.: 35932 **AuNo.: 65273** [?] BeBeNo.:	18.11.1924 [18.10.1922] Dorogoschtsch Mauthausen- Auschwitz 17.10.1943	**Schicksal ungeklärt** www.auschwitz.org Laborantin
62856 FRA 'HUN' J.	Zucker, *Lachtigier 'Lantique' Charlotte **AuNo: A-5659** BeBeNo.:	01.03.1920 Szydlowiec Chilvutrez [Drancy 74: 20.05.44]	Befreit am 08.05.45 in Hellendorf/Pirna Autobiografie: Les Balcons fleuris d'Auschwitz SVHF 16709
62857 HUN J.	Weisz, Anna [> Pasternák] BeBeNo.:	17.09.1911 Kántorjásoni Budapest Bergen-Belsen	Befreit am 08.05.45 bei Hellendorf SVHF 23018 Vgl. SVHF 50648
Sonderfall: Überstellung laut Nummernbuch nach Rochlitz & nicht Dresden			
61427 HUN J.	Herczfeld [‚Herzfeld'], Eva [> Solt]	01.12.1926 Budapest Bergen-Belsen – Rochlitz 01.02.1945 Rochlitz – Graslitz 28.03.1945 Dresden Februar 45?	Befreit am 08.05.45 in Hellendorf SVHF 50648 Vgl. Marva Karrer

4.5 Pages of Testimony – Yad Vashem

Magda Beregi FloNo.: 62667

YAD-VASHEM
P.O.B. 84 Jerusalem, Israel

Martyrs' and Heroes' Memorial Authority
DAF-ED
For the registration of the victims of the disaster.

רשות הזכרון לשואה ולגבורה
דף־עד
לרישום חללי השואה

יד ושם

פריקה

Surname / שם המשפחה .1	Magda
First name / השם הפרטי .2	Beregi geb. Friedmann
Name of Father / שם האב .3	Dr. Jonas Friedmann
Name of Mother / שם האם .4	Margarete Friedmann geb. Pulvermann
Date of birth / תאריך הלידה .5	30. September 1914
Place and country of birth / מקום וארץ הלידה .6	Budapest Ungarn
Permanent residence / מקום המגורים הקבוע .7	Budapest, Wesselényi u. 21.
Occupation / המקצוע .8	19. März 1944
Nationality before German occupation / הנתינות לפני הכבוש הנאצי .9	Ungarin
Places of residence during the war / מקומות המגורים במלחמה .10	Budapest
Place, date and circumstances of death / מקום המות, הזמן והנסיבות .11	3.12.1944. Wurde nach Bergen-Belsen deportiert [illegible]
Family status: Bachelor/Married/Number of children / מצב משפחתי רוק / נשוי / מספר הילדים .12	Verheiratet, eine Tochter
Name of wife and maiden name/Age / שם האשה, ושם משפחתה לפני הנשואין / גילה .13	Magda Beregi geb. Friedmann, 30 Jhr.
Name of Husband/Age / שם הבעל / גילו	Géza Beregi, 34 Jhr.

(מספר החוקים מס׳ 132 י״ז אלול תשי״ג (28.8.1953)

The Martyrs' and Heroes' Remembrance (Yad Vashem) Law, 5713-1953 determines in Art. No. 2 that

The task of *Yad Va-Shem* is to gather in to the homeland material regarding all those members of the Jewish people who laid down their lives, who fought and rebelled against the Nazi enemy and his collaborators, and to perpetuate their memory and that of the communities, organizations and institutions which were destroyed because they were Jewish.

Place and date of death / המקום והזמן שניספו	Age / הגיל	14. Names of deceased children up to the age of 18 (over the age of 18 fill out another form) / שמות הילדים עד גיל 18 שנספו (מעל לגיל זה ירשמו „דף־עד" מיוחד)
Mit verschleppt	2	

Note: Children must be registered on the form of one of the parents only.
הערה: את הילדים יש לרשום ב„דף־העד" של אחד ההורים אך לא יותר מפעם אחת.

I, the undersigned Margarete Friedmann geb. Pulvermann אני

Resident at (full address) Netanya, Malben, Block 6, Tor 2/1. (הגר ב (כתובת מלאה

Relative/Acquaintance of .... קרוב/ה מכר/ה של

Hereby declare that the details of my testimony are true and correct to the best of my knowledge and belief.
מצהיר/ה בזה כי העדות שמסרתי כאן על פרטיה היא נכונה ואמיתית, לפי מיטב ידיעתי והכרתי.

Signature Margarete Friedmann חתימה Place and date Netanya, Malben, 6.6.63 מקום ותאריך

Signature of Office Clerk .... חתימת הפוקד

Agnes Bruck FloNo.: 62678

33-0996 373030

רשות־זכרון לשואה ולגבורה, ירושלים

יד ושם

ירושלים, רחוב בן־יהודה 12

דף־עד

לרשום חללי השואה והגבורה

אנא, מלא(י) עד כמה שידוע לך!

מס׳ האישור: 5/660b16

1. שם המשפחה בעברית	ברוק
בשפת ארץ המוצא (באותיות לטיניות)	Bruck
2. שם פרטי בעברית	אגנש
בשפת ארץ המוצא (באותיות לטיניות)	Agnes
3. שם האב	[illegible]
4. שם האם	[illegible]
5. תאריך הלידה	1906
6. מקום וארץ הלידה (גם באותיות לטיניות)	הונגריה Hungaria
7. מקום המגורים הקבוע (גם באותיות לטיניות)	[illegible] Szolok
8. המקצוע	[illegible]
9. הנתינות לפני הכבוש הנאצי	[illegible]
10. מקומות המגורים במלחמה (גם באותיות לטיניות)	[illegible]
11. מקום המות, הזמן והנסיבות (המקום גם באותיות לטיניות)	גרמניה, ברגן־בלזן Germania Bergen Belzen
12. מצב משפחתי	רוק / נשוי / מספר הילדים
13. שם האשה ושם משפחתה לפני הנישואין	גילה 38
שם הבעל	גילו

14. שמות הילדים עד גיל 18 שנספו (מעל לגיל זה רושמים „דף־עד" מיוחד)	הגיל	המקום והזמן שנספו

המונה

חוק זכרון השואה והגבורה — יד ושם תשי״ג 1953 קובע בסעיף מס׳ 2

תפקידו של יד־ושם הוא לאסוף אל המולדת את זכרם של כל אלה מבני העם היהודי, שנפלו ומסרו את נפשם, נלחמו ומרדו באויב הנאצי ובעוזריו, ולהציב שם וזכר להם, לקהילות, לארגונים ולמוסדות שנחרבו בגלל השתייכותם לעם היהודי, ולמסרה זו יהא מוסמך — ...(4)להעניק לבני העם היהודי שהושמדו ונפלו בימי השואה והמרי אזרחות־זכרון של מדינת ישראל לאות היאספם אל עמם.

(ספר החוקים מס׳ 132 י״ז אלול תשי״ג 28.8.53)

הערה! את הילדים יש לרשום ב„דף־העד" של אחד ההורים אך לא יותר מפעם אחת.

אני ברוק יוסף הגר ב (כתובת מלאה) [illegible]

קרוב/ה מכר/ה אח של

מצהיר/ה בזה כי העדות שמסרתי כאן על פרטיה היא נכונה ואמיתית, לפי מיטב ידיעתי והכרתי.

אני מבקש/ת להעניק לנ״ל אזרחות־זכרון מטעם מדינת ישראל.

מקום ותאריך תל־אביב 23.4.56 חתימה [signature]

חתימת הפוקד [signature]

אזרחות־זכרון הוענקה

מספר

לידיעת „האגף המדעי" בירושלים, רחוב בן־יהודה 12

הייתי בזמן המלחמה במחנה (הסגר, עבודה, השמדה וכו׳) ______ בגיטו ______

במחתרת ______ ביערות ______ וכו׳ ______ ואני מוכן למסור עדות על כך.

חתימת העד ______ כתובתו ______

Jeanette Falkenheim FloNo.: 62691

YAD VASHEM — יד ושם

The Holocaust Martyrs' and Heroes' Remembrance Authority — רשות הזיכרון לשואה ולגבורה

Hall of Names - P.O.B. 3477, Jerusalem 91034 — היכל השמות - ת.ד. 3477, ירושלים 91034

Page of Testimony דף עד

דף עד לרישום והנצחה של הנספים בשואה; נא למלא דף עבור כל נספה בנפרד, בכתב ברור ובאותיות דפוס.

Page of Testimony for commemoration of the Jews who perished during the Holocaust; please fill in a separate form for each victim, in block capitals

תמונת הנספה (דרכון). נא לרשום את שמו של הנספה בצד האחורי של התמונה. נא לא להדביק.

Victim's photo. Please write victim's name on back. Do not glue.

חוק זיכרון השואה והגבורה–יד ושם תשי"ג 1953 קובע בסעיף מס' 2 כי "תפקידו של יד ושם הוא לאסוף אל המולדת את זכרם של כל אלה מבני העם היהודי שנפלו ומסרו את נפשם, נלחמו ומרדו באויב הנאצי ובעוזריו ולהציב שם וזכר להם, לקהילות, לארגונים ולמוסדות שנחרבו בגלל השתייכותם לעם היהודי".

The Martyrs' and Heroes' Remembrance Law 5713-1953 determines in section 2 that "The task of Yad Vashem is to gather into the homeland material regarding all those members of the Jewish people who laid down their lives, who fought and rebelled against the Nazi enemy and his collaborators, and to perpetuate their **names** and those of the communities, organizations and institutions which were destroyed because they were Jewish".

Victim's family name / שם משפחה של הנספה: FALKENHEIM

Maiden name / שם משפחה לפני הנישואין:

Previous/other family name / שם משפחה קודם/אחר:

First name (also nickname) / שם פרטי (גם שם חיבה/כינוי): JEANETTE

Approx. age at death / גיל משוער בעת המוות: לפני 18

Date of birth / תאריך לידה:

Gender / מין: M/F ז/(נ)

Title / תואר: [illegible]

Nationality / נתינות: — Country / ארץ: — Region / מחוז: — Place of birth / מקום לידה:

Victim's father / אב הנספה: Family name / שם משפחה: — First name / שם פרטי:

Victim's mother / אם הנספה: Maiden name / שם לפני הנישואין: — First name / שם פרטי:

Victim's wife/husband / אישה/בעל של הנספה: No. of children / מס' ילדים: — Family status / מצב משפחתי: — Maiden name / שם לפני הנישואין: — First name / שם פרטי:

Permanent residence / מקום מגורים קבוע: KÖLN — Region / מחוז: — Country / ארץ: — Address / כתובת:

Profession / מקצוע: — Place of work / מקום העבודה: — Member of org./movement / חבר בארגון/תנועה:

Residence before deportation / מגורים לפני הגירוש: KÖLN — Region / מחוז: — Country / ארץ: — Address / כתובת:

אירועים / פעולות ומקומות בזמן המלחמה (מעצר / גירוש / גטו / מחנה / צעדת מוות / מסתור / בריחה / התנגדות / לחימה):

Places, events and activities during the war (prison / deportation / ghetto / camp / death march / hiding / escape / resistance / combat):

Place of death / מקום המוות: — Region / מחוז: — Country / ארץ: — Date of death / תאריך המוות:

Circumstances of death / נסיבות המוות: נספתה בשואה

אני, הח"מ, מצהיר בזה כי העדות שמסרתי על פרטיה נכונה ואמיתית לפי מיטב ידיעתי והכרתי.

I, the undersigned, hereby declare that this testimony is correct to the best of my knowledge.

First name / שם פרטי: חנה — Family name / שם משפחה: חלמיש — Previous/maiden name / שם משפחה קודם:

Street / רחוב: כרכום — House no. / מס' בית: 49 — Entrance / כניסה: — Apt. / דירה: 1 — City / עיר: [illegible] — State/Zip code / אזור/מיקוד: 62001

Country / מדינה: ישר — Tel. / מס' טלפון: 03 6044464 — I am / I am not a survivor / הנני ניצול השואה: כן/לא — Relationship to victim (family/other) / הקרבה (משפחתית/אחרת) לנספה:

בזמן המלחמה הייתי במחנה / בגטו / במסתור / באהות בדויה / ביערות / במחתרת (הקף מעגל) — During the war I was in a camp / ghetto / forest / the resistance / in hiding / had false papers (circle relevant options)

ניצולי השואה יכולים לציין את פרטיהם ע"ג טופס מיוחד הניתן להזמנה. — Holocaust survivors may order a special form in which to fill in their details.

Date / תאריך: 21.6.99 — Place / מקום: [illegible] — Signature / חתימה: [illegible]

"ונתתי להם בביתי ובחומותי יד ושם...אשר לא יכרת" ישעיהו נ"ו ה'

"...And I shall give them in My house and within My walls a memorial and a name...that shall not be cut off" Isaiah 56:5

Rozsi Grünstein FloNo.: 62714

160980

YAD VASHEM
EMLÉKHATOSÁG, Jeruzsálem
Hár-Házikáron P.O.B 3477

דף-עד
Emlék-Lap

ירושלים, הר הזיכרון
ת.ד. 3477

חוק זכרון השואה והגבורה - תשי"ג 1953
קובע בסעיף מס' 2:
תפקידו של יד-ושם הוא לאסוף אל המולדת את זכרם של כל אלה מבני העם היהודי, שנפלו ומסרו את נפשם, נלחמו ומרדו באויב הנאצי ובעוזריו, ולהציב **שם וזכר להם**, לקהילות, לארגונים ולמוסדות שנחרבו בגלל השתייכותם לעם היהודי.
(ספר החוקים מס' 132, י"ז אלול תשי"ג 28.8.53)

A VESZKORSZAK ES HOSIESSEG MARTIRJAINAK BEJEGYZESE

A Vészkorszak és Hösiesség Emlékhatosága Törvényének 1953 cikkelye elöirja: A YAD-Vashém feladata, osszegyüjteni és megörökiteni hazánkban a zsidó nép mindazon fiainak a nevét, akik mártirhalált haltak: akik a náci ellenség és cinkostársai elleni küzdelemben fellázadtak, harcoltak, elestek: emlékmüvet állitani a megsemmisült zsidó hitközségeknek, szervezeteknek és intézményeknek.

132. sz. Törvénykönyv 28.8.1953–5713 Elul 17.

פרטי הניספה: נא לרשום את שמו של כל ניספה על דף נפרד ולכתוב באותיות דפוס ובנקוד
ALDOZAT ADATAI: MINDEN EGYES ALDOZAT NEVET KULON LAPRA NYOMTATOTT BETUVEL IRNI

Családi Neve:	GRÜNSTEIN	1. שם משפחה מנוקד:
Neve:	RÓZA	2. שם פרטי:
Leánykori Neve:	FENTI	3. שם משפחה קודם: (אישה, לפני נישואים)
6. מצב משפחתי Csal. helyzet: HAJADON	5. מין Nem: NŐ	4. תאריך לידה/גיל משוער: Születési dátum/kor: 1911. 11. 02
Születési hely: (ország, város)	DEMECSER MAGYARORSZÁG	7. מקום לידה (ארץ, עיר)
Áldozat anyja - Neve: - Leánykori neve:	ADLER BERTA	8. אם הניספה - שם פרטי: - שם מהבית:
Áldozat apja - Neve:	GRÜNSTEIN SALAMON	9. אב הניספה - שם פרטי:
Áldozat házastársa - Neve: - Leánykori neve:	—	10. בן-זוגו של הניספה - שם פרטי: - שם מהבית:
Háború elötti lakhelye (ország, város):	MANDOK MAGYARORSZÁG	11. מקום מגורים קבוע (ארץ):
Háború alatti lakhelye (ország, város):	BUDAPEST MAGYARORSZÁG	12. מקום מגורים בזמן המלחמה (ארץ):
Halál dátum/eve: 1945 (14. תאריך/שנת המוות:)	Áldozat foglalkozás: VARRÓNŐ	13. מקצוע הניספה:
Halál helye: Halál oka:	AUSCHWITZ BERGEN BELSEN ISMERETLEN	15. מקום המוות: ונסיבות המוות:

Áláiro adatai: / פרטי המצהיר

Alulírott (neve): LÖWBEER SÁNDORNÉ GRÜNSTEIN MARGIT — אני, החיים (שם)

Lakik, (teljes cim): 1055 BUDAPEST V. SZT. ISTVÁN KRT 4 — הגר בכתובת

Családi/más kapcsolat: TESTVÉR — קירבה לניספה (משפחתית/אחרת)

מצהיר/ה בזה כי העדות שמסרתי על פרטיה היא נכונה ואמתית לפי מיטב ידיעתי והכרתי

KIJELENTEM HOGY A TANUVALLOMAS IGAZ AMELYET A LEGJOBB TUDOMASOM SZERINT ADTAM MEG

Hely, keltezés: BUDAPEST 1995. 12. 18. — מקום ותאריך רישום

Aláírás: Löwbeer Sándorné — חתימה

"...ונתתי להם בביתי ובחומותי יד ושם..אשר לא יכרת". ישעיהו נו ה

"...és adtam nekik házamban és falaïmon helyet és nevet, amely soha nem vész el". JESAJAHU LVI, 5

Magda Reisman FloNo.: 62791 ?

YAD VASHEM יד ושם
The Holocaust Martyrs' and Heroes' Remembrance Authority רשות הזיכרון לשואה ולגבורה
Hall of Names - P.O.B. 3477, Jerusalem 91034 www.yadvashem.org היכל השמות - ת.ד. 3477, ירושלים 91034

Page of Testimony דף עד

דף עד לרישום והנצחה של הנספים בשואה; נא למלא דף עבור כל נספה בנפרד, בכתב ברור ובאותיות דפוס.
Page of Testimony for commemoration of the Jews who perished during the Shoah; please submit a separate form for each victim, in block capitals

The Martyrs' and Heroes' Remembrance Law 5713-1953 determines in section 2 that: "The task of Yad Vashem is to gather into the homeland material regarding all those members of the Jewish people who laid down their lives, who fought and rebelled against the nazi enemy and his collaborators, and to perpetuate their **names** and those of the communities, organizations and institutions which were destroyed because they were Jewish".

Victim's photo. Please write victim's name on back.– Do not glue.

Maiden name / שם משפחה לפני הנישואין	
Victim's family name / שם משפחה של הנספה	REISMANN
Previous/other family name / שם משפחה קודם/אחר	—
First name (also nickname) / שם פרטי (גם שם חיבה/כינוי)	MAGDA
Approx. age at death / גיל משוער בעת המוות	27
Date of birth / תאריך לידה	≈ 1927
Gender M/F / מין	(F)
Title / תואר	—
Nationality / נתינות	HUNGARI
Country / ארץ	HUNGARY
Region / מחוז	
Place of birth / מקום לידה	BUDAPEST
Victim's father: Family name / שם משפחה	REISMANN
Victim's father: First name / שם פרטי	IMRE
Victim's mother: Maiden name / שם לפני הנישואין	FRIDMANN
Victim's mother: First name / שם פרטי	/
Victim's wife/husband: No. of children / Family status / Maiden name / First name	—
Address / כתובת	—
Permanent residence / מקום מגורים קבוע	BUDAPEST
Member of org./movement / חבר בארגון/תנועה	—
Place of work / מקום העבודה	—
Profession / מקצוע	—
Residence during the war / מגורים בזמן המלחמה	BUDAPEST
Places, events and activities during the war (prison / deportation / ghetto / camp / death march / hiding / escape / resistance / combat)	(deportation, death march underlined)
Date of death / תאריך המוות	1945
Region / מחוז	פלן
Place of death / מקום המוות	Auswitz
Circumstances of death / נסיבות המוות	מחנה רכוז

אני, החי"מ, מצהיר בזה כי העדות שמסרתי על פרטיה נכונה ואמיתית לפי מיטב ידיעתי והכרתי. ידוע לי כי דף עד זה וכל המידע שבו יהיו גלויים לציבור.
I, the undersigned, hereby declare that this testimony is correct to the best of my knowledge. I understand that this Page of Testimony and all the information on it will be publicly accessible.

Previous/maiden name / שם משפחה קודם	—
Family name / שם משפחה	גל
First name / שם פרטי	משה
Tel. / טל'	6733706
State/Zip code / אזור/מיקוד	78480
Street, House no, Apt. / רחוב, מס' בית, דירה	...22
Relationship to victim (family/other) / הקרבה לנספה	בת - דודה
I am / I am not a survivor / אני ניצול השואה: כן / לא	
Country / מדינה	ישראל

ניתן להזמין שאלונים לניצולי השואה למילוי פרטים
Special questionnaires may be ordered to submit details of Shoah survivors

בזמן המלחמה הייתי במחנה / בגטו / ביערות / בתנועת ההתנגדות / במחבוא / בתעודות מזויפות (נא לסמן)
During the war I was in a camp / ghetto / forest / the resistance / in hiding / had false papers (circle relevant options)

Date / תאריך: 3.1.05 Place / מקום: ירושלים Signature / חתימה: משה גל

24360

"...ונתתי להם בביתי ובחומותי יד ושם...אשר לא יכרת" ישעיהו נ"ו ה'
"...And shall give them in My house and within My walls a memorial and a name...that shall not be cut off." Isaiah, lvi, 5

Ilona Walter FloNo.: 62835

רשות־הזיכרון לשואה ולגבורה, ירושלים

דף-עד

לרשום חללי השואה והגבורה

יד ושם

ירושלים, הר הזיכרון
ת.ד. 84

1. שם המשפחה *	(באותיות עבריות)	ולטר
	(באותיות לטיניות)	Walter
2. שם פרטי (שם משפחה לפני הנישואין)	(באותיות עבריות)	אילונה רוטמן
	(באותיות לטיניות)	Ilona Rottman
3. תאריך הלידה		1907. III. 30
4. מקום וארץ הלידה (גם באותיות לטיניות)		הונגריה Hungary בודפשט Budapest
5. שם האב		Gyula
6. שם האם		Irma
7. שם בן או בת הזוג (אם בת זוג נא להוסיף שם משפחתה לפני הנישואין)		יוסף Jozsef
8. מקום המגורים הקבוע (גם באותיות לטיניות)		Budapest
9. מקומות המגורים במלחמה (גם באותיות לטיניות)		Budapest
10. נסיבות המוות (זמן, מקום, הכד׳) (המקום גם באותיות לטיניות)		1945 מחנה ברגן - בלזן Bergen - Belzen

יד ושם
תשי״ג 1953
קובע בסעיף מס׳ 2:

תפקידו של יד־ושם הוא לאסוף אל המולדת את זכרם של כל אלה מבני העם היהודי, שנפלו ומסרו את נפשם, נלחמו ומרדו באויב הנאצי ובעוזריו, ולהציב שם וזכר להם, לקהילות, לארגונים ולמוסדות שנחרבו בגלל השתייכותם לעם היהודי.

(ספר החוקים מס׳ 132, י״ז אלול תשי״ג 28.8.53)

אני הח״מ פלג דבורה הגר ב (כתובת מלאה) כפר־יהושע 30063

קירבה (משפחתית או אחרת) ...

מצהיר/ה בזה כי העדות שמסרתי כאן על פרטיה היא נכונה ואמיתית, לפי מיטב ידיעתי והכרתי.

מקום ותאריך 1976 . VII 16 חתימה פלג דבורה

"...ונתתי להם בביתי ובחומותי יד ושם... אשר לא יכרת" ישעיהו נו ה

* נא לרשום את שמו של כל נספה על דף נפרד.

Iren Weisz FloNo.: 62841

292/108

רשות־זכרון לשואה ולגבורה, ירושלים

יד ושם

ירושלים, רחוב בן־יהודה 12

דף־עד

לרשום חללי השואה והגבורה

מס. האישור 402522-6

1. שם המשפחה — בעברית	ויס
בשפת ארץ המוצא (באותיות לטיניות)	WEISZ
2. שם פרטי — בעברית	רחל
בשפת ארץ המוצא (באותיות לטיניות)	IRENE
3. שם האב	ג'רדם
4. שם האם	ה'נדה
5. תאריך הלידה	1919
6. מקום וארץ הלידה (גם באותיות לטיניות)	שטורלויה אויהל הונגריה SATORALJAUJHELY
7. מקום המגורים הקבוע (גם באותיות לטיניות)	בודפשט BUDAPEST
8. המקצוע	תופרת
9. הנתינות לפני הכבוש הנאצי	הונגרית
10. מקומות המגורים במלחמה (גם באותיות לטיניות)	בודפשט BUDAPEST
11. מקום המות, הזמן והנסיבות (המקום גם באותיות לטיניות)	הלנדורף ע"י דרזדן 1944 ע"י הגרמנים HELNDORF NEBEN DRESDEN
12. מצב משפחתי	רוק/~~נשוי/מספר הנלדים~~
13. שם האשה ושם משפחתה לפני הנישואין	גילה ....
שם הבעל	גילו ....

14. שמות הילדים עד גיל 18 שנספו (מעל לגיל זה רושמים "דף־עד" מיוחד)	הגיל	המקום והזמן שנספו

הערה: את הילדים יש לרשום ב„דף־עד" של אחד ההורים אך לא יותר מפעם אחת.

התמונה

חוק זכרון השואה והגבורה –
יד ושם
תשי"ג 1953
קובע בסעיף שמ' 2

תפקידו של יד־ושם הוא לאסוף אל המולדת את זכרם של כל אלה מבני העם היהודי, שנפלו ומסרו את נפשם, נלחמו ומרדו באויב הנאצי ובעוזריו, ולהציב שם וזכר להם, לקהילות, לארגונים ולמוסדות שנחרבו בגלל השתייכותם לעם היהודי; ולמטרה זו יהא מוסמך –

... (4) להעניק לבני העם היהודי שהושמדו ונפלו בימי השואה והמרי אזרחות־זכרון של מדינת ישראל לאות היאספם אל עמם.

(ספר החוקים מס' 132 י"ז אלול תשי"ג 28.8.53)

אני ח'ג גרשון הגר ב (כתובת מלאה) חיפה ארמנאל־אוסיר 17

קרוב/ה מפריח אחותה של רחל ויס

מצהיר/ה בזה כי העדות שמסרתי כאן על פרטיה היא נכונה ואמתית, לפי מיטב ידיעתי והכרתי.

אני מבקש/ת להעניק לנ"ל אזרחות־זכרון מטעם מדינת ישראל.

מקום ותאריך חיפה, 23.1.956 חתימה ח'ג גרשון

חתימת הפוקד [signature]

אזרחות־זכרון הוענקה
מספר

לידיעת „האגף המדעי" בירושלים, רחוב בן־יהודה 12

הייתי בזמן המלחמה בסתנה (הסגר, עבודה, השמדה וכו') .... בגיטו ....

במחתרת .... ביערות .... וכו' .... ואני מוכן למסור עדות על כך.

חתימת העד .... כתבתו ....

4.6 Literatur- und Archivalienverzeichnis

Benz, Wolfgang und Barbara Distel (Hg.). Der Ort des Terrors. Band 4. Flossenbürg Mauthausen Ravensbrück. C.H.Beck München. 2006

Brocke, Michael; Ruthenberg, Eckehart; Schulenburg, Kai Uwe. Stein und Name: die jüdischen Friedhöfe in Ostdeutschland (Neue Bundesländer/ DDR und Berlin) Institut Kirche und Judentum. Berlin. 1994

Czech, Danuta. Kalendarium der Ereignisse im KZ Auschwitz-Birkenau 1939-1945. Rowohlt Verlag. Hamburg. 1989

Cziborra, Pascal. Frauen im KZ. Möglichkeiten und Grenzen der historischen Forschung am Beispiel des KZ Flossenbürg und seiner Außenlager. Lorbeer Verlag. Bielefeld. 2010

Cziborra, Pascal. KZ-Autobiografien. Geschichtsfälschungen zwischen Erinnerungsversagen, Selbstinszenierung und Holocaust-Propaganda. Lorbeer Verlag. Bielefeld. 2012

Cziborra, Pascal. KZ Dresden Striesen. Das Familienlager Bernsdorf & Co. in der Schandauer Straße 68. Lorbeer Verlag. Bielefeld. 2013

Cziborra, Pascal. KZ Flossenbürg. Gedenkbuch der Frauen. Lorbeer Verlag. Bielefeld. 2007

Cziborra, Pascal. KZ Venusberg. Der verschleppte Tod. Lorbeer Verlag. Bielefeld. 2008

Cziborra, Pascal. KZ Zschopau. Sprung in die Freiheit. Lorbeer Verlag. Lemgo. 2007

Gryglewski, Marcus. Zur Geschichte der nationalsozialistischen Judenverfolgung in Dresden 1933-1945. In: Die Erinnerung hat ein Gesicht. Fotografien und Dokumente zur nationalsozialistischen Judenverfolgung in Dresden 1933-1945. Herausgegeben von Norbert Haase, Stefi Jersch-Wenzel, Hermann Simon. Kiepenheuer Verlag. Leipzig. 1998

Karny, Miroslav. Terezinska Pametni Kniha. Zidovske Obeti Nacistickych Deportaci Z Cech A Moravy. 1941-1945. Theresienstädter Initiative. Melantrich. 2005

Karrer, Marva. Das Interview-Projekt der Gedenkstätte Bergen-Belsen 1994-1996: Ein Erfahrungsbericht in: Buck, Kurt:. Die frühen Nachkriegsprozesse S.197-206. Edition Temmen. Bremen 1997

Tzani, Fotini. Zwischen Karrierismus und Widerspenstigkeit – SS-Aufseherinnen im KZ-Alltag. Lorbeer Verlag. Bielefeld. 2011

Ulbrich, Lilli. **Weiß**, Norbert. Buch der Erinnerung. Juden in Dresden – deportiert, ermordet, verschollen. 1933-1945. Gesellschaft für Christlich-Jüdische Zusammenarbeit Dresden. w.e.b. Dresden. 2006

Zucker, Charlotte. LES BALCONS FLEURIS D'AUSCHWITZ. Les Editions du Colombier- Champrond en Câtine. 2000

Weinmann, Martin (Hg.). Das nationalsozialistische Lagersystem. Zweitausendeins. Frankfurt am Main. 2001

SED Kreisleitung Pirna (Hg.) Ehrenmale, Gedenkstätten, Erinnerungsstätten und Mahnstätten der Arbeiterbewegung und des antifaschistischen Widerstandskampfes im Kreis Pirna. Pirna. 1984

Stiftung Niedersächsische Gedenkstätten (Hg.). Gedenkbuch. Häftlinge des Konzentrationslagers Bergen-Belsen. 2005

Archivalienverzeichnis:

Archiv der Gedenkstätte Flossenbürg
AGF – Flossenbürger Nummernbücher

Bundesarchiv Berlin:
BArch NS4FL / 393 Bd. 2
[Forderungsnachweis Nr. Flo. 665/1222, 716, 791]
BArch B 162 / 25688, BArch B 162 / 8329

ITS – International Tracing Service (Internationaler Suchdienst)
Historische Abteilung, Flossenbürg, Nr. 10 Blatt 50ff.

NARA - National Archives And Records Administration
M-1935 R-2

Shoah Visual History Foundation – University of Southern California (Los Angeles): SVHF-Videointerviews:
16709, 22771, 23018, 35628, 47774, [50648]

Stadtarchiv Dresden
Liste der auf dem Johannisfriedhof beerdigten Widerstandskämpfer

Yad Vashem Archiv (Jerusalem):
YV – Gedenkblätter/Pages of Testimony

The Satellite Camps of CC Flossenbürg
Die Außenlager des KZ Flossenbürg

KZ Dresden Striesen

Das Familienlager Bernsdorf & Co. in der Schandauer Straße 68

Pascal Cziborra

ISBN: 978-3-938969-24-3 **276 Seiten** **19,95€**

FOTINI TZANI

Zwischen Karrierismus und Widerspenstigkeit - SS-Aufseherinnen im KZ-Alltag

ISBN: 978-3-938969-13-7 140 Seiten 19,95€

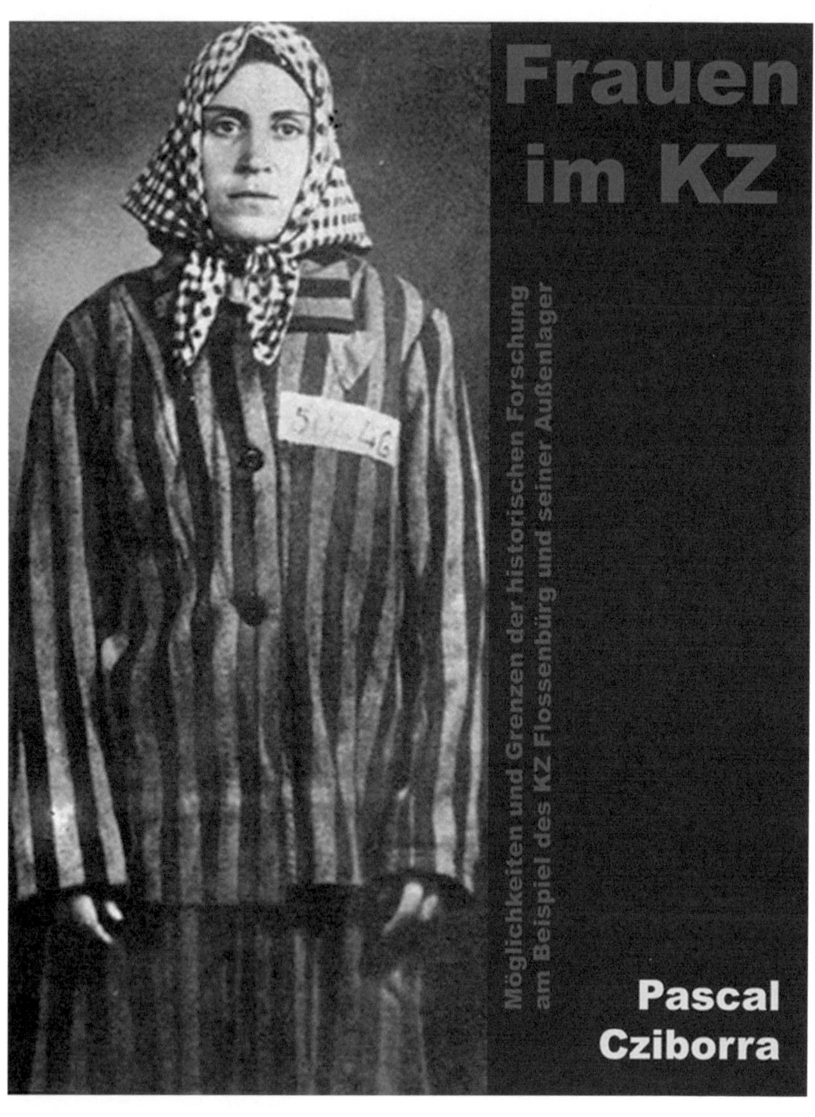

ISBN: 978-3-938969-10-6 460 Seiten 29,95€